〈危機〉の正体

佐藤優

富岡幸一郎

講談社

まえがき

危機とは、もともとギリシャ語で峠とか分かれ道を意味する「クリシス」に由来する概念だ。病人の場合を考えてみよう。医師から「今夜が峠です」と言われた場合、峠を越えることができれば、生き残る。分かれ道に関しては、選択を間違えると、とんでもない方向に進むことになり、目的地に到達することはできない。従って、われわれが危機について語るときは、単に危機という現象について、分析し、認識するだけでは不十分だ。危機から抜け出す処方箋についても考えなくてはならない。

こういう問題意識をこの数年、私は強く持っている。私はこの問題について、文藝批評家の富岡幸一郎氏と徹底的に議論してみたいと以前から強く望んでいた。私の問題意識を富岡氏ならば、正確に理解してくださると思ったからだ。富岡氏は文藝批評家で、さらに保守派の論客としても活躍している。しかし、一般にはよく知られていないが、富岡氏にはもう一つの顔がある。それはプロテスタント神学者としての顔だ。富岡氏は、神学者と自称することはないが、国際基準で見た場合、富岡氏は神学者なのである。富岡氏も私も、日本におけるプロテスタントの最大教派である日本基督教団に所属している。二人は共にスイスのプロテスタント神学者カール・バルトから強い影響を受けている。バルトの神学は、「危機の神学」とも呼ばれている。第一次世界大戦の大量殺戮と大量破壊によって、キリスト教文明が足許から崩される状況を見て、バルトは神学的視座を根本的に転換した。人間が神について云々《うんぬん》することをやめ、神が人間について語ることに虚心坦懐に耳を傾けよと主張したのである。しかし、ここから難問が生じる。人間は神ではない。神と人間は質的に異なる。人間は神について語ることができない。しかし、神について語らなくてはならないのである。この「不可能の可能性」に挑むことが神学なのである。

富岡氏は、『使徒的人間　カール・バルト』（講談社文芸文庫、二〇一二年）という作品を著し（本書は日本人によって書かれた現代神学の傑作だ）カール・バルトという一人の人間を通じて、世界と歴史を読み解くことを試みた。そこで富岡氏は、キリスト教徒であるとともに日本人であることに徹底的にこだわった。バルトのテキストを通じて、二千年前にイエス・キリストがパレスチナの地でわれわれに伝えた出来事を現代の日本に取り戻そうとしたのである。富岡氏は、「使徒」という言葉に注目した。〈使徒とはつねに、自己を超越したこの呼び出しによって召喚され、そのような者たちとしてこの世界へと遣わされる〉（四十一頁）と指摘する。富岡氏も私も、二十一世紀のこの日本に於いて使徒的機能を果たすことを考えているのだ。

危機の問題を、私たちは神学の分野で論じることもできた。しかし、大多数の日本人にとって神学は疎遠な学問であり、神学用語やキリスト教特有の思考様式は理解されにくい。キリスト教において、真理は具体的だ。日本人（あるいは日本語を解する人々）に対して危機について論じるときに、大多数の読者に理解が難しい言葉や論理を駆使して語ることは不誠実だ。キリスト教徒が伝えたいのは、イエス・キリストが伝える神のみが、唯一の救い主であるという現実だ。このことはキリスト教徒にとって、疑いの余地がない普遍的現実なのである。しかし、キリスト教を信じない人々にとって、この命題は単なる独断に過ぎない。

富岡氏は、保守論壇で精力的に活動する中で、イエス・キリストによって証された真実に忠実であろうとする姿が私には見える。これは、キリスト教界、保守論壇の双方において、なかなか理解されないアプローチだ。ただし、私にはそれがよくわかる。私も外交官として北方領土交渉に従事していたときに、常によき外交官であることとよきキリスト教徒であることの間の緊張の中で仕事をしていたからだ。

キリスト教の神は、神であることに固執しなかった。そして、神自身が人間となるという選択をした。神学用語ではこれを受肉という。〈神は、その独り子をお与えになったほどに、世を愛された。御子を信じる者が一人も滅びないで、永遠の命を得るためである。神が御子を世に遣わされたのは、世を裁くためではなく、御子によって世が救われるためである〉（「ヨハネによる福音書」三章十六節〜十七節。聖書協会共同訳）。理念や理想は、具体化しなくては、何の意味もないというのがキリスト教の考え方なのである。だから、富岡氏も私も、書斎の中に閉じこもらずに、外に出て行くのだ。

今回、私たちは、小説を読み解くことで、現下の危機について語るというアプローチを取った。ベネディクト・アンダーソン氏や柄谷行人《からたにこうじん》氏が指摘するように、小説は近代になって生まれた文学形式だ。現下、われわれが直面している危機は近代（モダン）の危機である。従って、時代の危機は、同時に小説の危機となって現れる。本書を読んでいただければ、優れた小説家たちが、時代の深層をつかみとり、正確に表現していることに驚くと思う。同時に重要と思うのが、安易な処方箋を求めないことである。グロテスクな危機的状況について、解決への処方箋をなんら提示することなく描く作品がでてくる。そういった作品に対して、「毒を薬に変える努力をしていない」という優等生的批判をするのではなく、毒は毒のままで受け止め、そこから深く思考していくことが重要と私は考える。

キリスト教徒である私は、私を含むすべての人間が罪に塗れていると思っている。罪が形を取ると悪になる。危機の時代には、罪が形になりやすく、世界が悪で溢れることになる。

このような状況で救済が外部から到来することを「急ぎつつ、待つ」ことが重要なのである。この「急ぎつつ、待つ」ということの意味について、本書を最後まで読んで下さった読者には理解していただけると信じる。

本書を上梓するにあたっては講談社の見田葉子さん、北村文乃さんにたいへんお世話になりました。謝意を表します。

二〇一九年八月二十八日、同志社大学と同志社女子大学の集中講義で滞在中の京都にて

佐藤　優

目次

まえがき　佐藤　優　1

I　見えない危機の到来　11

危機の時代と一神教／終末論の視点で世界を見る／アメリカ同時多発テロとバベルの塔／文学が描く家族の危機／崩壊する社会システム／実証できないものをどう見るか／村上春樹『ねじまき鳥クロニクル』の予兆性／私語が跋扈する情報空間／日本のポストモダンの問題／マルクス主義という宗教／カール・バルトの宗教批判／アンチエイジングからオウム真理教まで／人間はどのように救済されるか

II　資本主義の暴走　67
「マモン」が支配する時代／アメリカの正体とは何か／人を殺す思想／マルクスの限界と宇野経済学／滝沢克己を再評価する／「主なき諸権力」の暴走／貨幣の暴力性とファシズム／「あいまい力」で社会と闘う／村田沙耶香『地球星人』の悪魔的ユートピア／人間にとって自由とは何か／ニヒリズムを超えて

III　国家の本質　123
タブーとなった「国体」論／民族の「打ちこわしがたい本質」／ナチス憲法と改憲論／キリスト者にとっての靖国問題／大東亜戦争をどう位置づけるか／戦後国体と日米同盟／生前退位がはらむ問題／古川日出男『ミライミライ』が描く「もう一つの戦後史」／天皇が琉歌を詠む意味／沖縄の「不服従抵抗」／国家とどう付き合うか／今も続く差別の構図

Ⅳ　格差社会を超えて　173
「国家」から「社会」へ／新自由主義的な価値観が生む絶望／外国人労働者受け入れの問題／ロシアにおける「友人のネットワーク」／子どもの貧困をめぐるトートロジー／自己責任論の矛盾／人間の自由と他者の発見／崔実『ジニのパズル』が持つ「驚き」／預言者としての作家たち／不可能の可能性に挑む／相対的貧困の深い闇／急ぎながら待つ

あとがき　富岡幸一郎　222

引用・参考文献一覧　228

〈危機〉の正体

カバー写真　森清
ブックデザイン　鈴木成一デザイン室

Ⅰ　見えない危機の到来

危機の時代と一神教

富岡　今回、「危機の時代」をメインテーマに、佐藤さんと存分に対話ができることを大変うれしく思っております。

佐藤　私も楽しみにしていました。危機の時代を語るに当たって、私のほうからの強いイニシアチブで富岡さんにお願いしました。このテーマについて、富岡さん以外の方と話したくなかった。でも、タイミングがなかった。

富岡　佐藤さんには、二〇一八年一月に自裁された西部《にしべ》邁《すすむ》氏*1が顧問をしていたオピニオン誌「表現者」の二〇〇五年九月号（第二号）――当時、私が編集長をやっておりました――に哲学者の大窪《おおくぼ》一志《かずし》さんと一緒に「理念なき日本外交」というテーマで鼎談《ていだん》に出ていただきました。対話は、そのとき以来になりますね。

佐藤　そうです。これまで、なぜタイミングがなかったのかというと、いまお話に出た「表現者」の編集に富岡さんが直接責任を負う立場だったこと、また、西部さんの存在がある中で、例えば保守思想の話、天皇の話といったことも含め、論壇における文脈が意味を持ってしまうので、なかなか話しにくい状況にあると私が認識していたからです。

また、西部さんが自殺という形で人生の結論をつけたことに関しても語りたかった。危機の時代をどう克服していくか、人間の生命と覚知という問題をあわせて語れるのは富岡さんしかいないと思っています。

富岡　ありがとうございます。まず、プロローグ的に二人の対話のアプローチ、方法論について確認しておきたいと思います。

二〇〇五年のデビュー作『国家の罠《わな》』以来、佐藤さんは、政治、経済、文化、外交など多分野で非常に旺盛かつ多彩な評論活動をされています。今、起きている出来事の本質、背後をとらえるこのまなざしがどこから来ているのかを考えると、今回のサブテーマでもある「目に見えないもの」だと私は思います。端的に言えばキリスト教の信仰と神学というまなざしから、この世界の情勢を分析する。そこがこれまでにない深い洞察力を示していると思います。

日本の中では、いわゆるキリスト教――広くとらえて一神教と言ってもいいけれども、一神教こそが世界史を形成してきたという根本的な認識が十分に共有されていません。その一神教には、ユダヤ教、そしてキリスト教、さらにユダヤ・キリスト教から出てきたイスラム教があります。日本の知識人は、一神教は不寛容で、多神教や汎神論は寛容であるといった議論をしがちです。残念ながら、保守の論客の中にも少なからずいる。これは議論としては幼稚で、むしろ今起こっている世界史の状況を見極めるまなざしとしては不十分であるという気がするんです。

佐藤　まったくそのとおりです。まさにそのテーマをきょう、二〇一八年七月六日に語ることに意味がある。なぜなら、けさ麻原彰晃《あさはらしょうこう》こと松本智津夫《まつもとちづお》・オウム真理教の元代表の死刑が執行されました。冷静に見れば、オウム真理教は仏教の一分派です。多神教的な世界観をもつ教団でした。そこが、世界で最初に大量破壊兵器を使ったテロ事件を起こした。日本は、大量破壊兵器を使用したテロを受ける経験を初めてした国だと思う。そう考えると、多神教が寛容だと言っても、この一つの反証を示された場合にどう答えるのか、非常に難しい。

例えばスリランカの内戦、あるいはミャンマーのロヒンギャ族の問題にしても、非一神教的な仏教徒も、かなりの残虐な行動に至っています。多神教か一神教かという分節化と、寛容・非寛容はカテゴリーが違うんですね。どの多神教か、どの一神教か、その中のどういうグループなのかまで踏み込まないとナンセンスな議論で終わってしまう。

富岡さんにお伺いしたいのは、相応の学知と経験を得ている人の中で、一神教は非寛容で多神教は寛容だという実証的にナンセンスな言説がなぜ流通してしまうのか、そのメタの論理についてです。

終末論の視点で世界を見る

富岡　今、麻原彰晃の話が出ましたが、これはオウム真理教という個別性の問題ではなく、また死刑執行の是非だけでなく、宗教というもの全体の観点から十分に論じなければいけません。

今回の佐藤さんとの対話の一つのきっかけとなったのは、私が一九九九年に講談社から上梓《じょうし》しました『使徒的人間　カール・バルト[*2]』という本です。

佐藤　これはバルト論の名著で、英訳、独訳すべきです。

富岡　ありがとうございます。私はこのカール・バルト論をあえて文芸誌である「群像」で連載しました。佐藤さんは同志社大学の神学部で学ばれましたが、私自身は神学を専門的に学んでいません。文芸批評家として、三十歳のときに日本のプロテスタントを代表する存在である、聖書にのみ基づく無教会主義を唱えた内村鑑三《うちむらかんぞう》[*3]を論じ、その流れの中でバルトと出会ったんです。

内村鑑三を調べていくうちに私が非常に驚いたのは、キリスト教における終末論というテーマでした。内村は一九一四年からの第一次大戦のヨーロッパあるいはアメリカの参戦を目にして、今までの近代のキリスト教では、まったくイエス・キリストの本質に届かないという一種の絶望から、もう一度聖書を、特にパウロが書いた新約聖書の「ローマの信徒への手紙（ローマ書）」を徹底的に読み直し、キリストの再臨信仰[*4]に至ります。いわゆる終末論を、内村は危機の時代に一人の日本人キリスト者として再発見したわけです。

私はそれまで、戦後文学やドストエフスキーを読み、キリスト教を「知っているつもり」でした。しかし、復活したキリストが天に上り、人間の肉体を持って再びこの地上に来る。聖書の「使徒言行録」の第一章で、弟子たちの前で天に上がっていくわけですが、その約束をする。「ヨハネの黙示録」にそのヴィジョンが預言されますが、キリストの再臨によって最終的な救済が訪れる。そのことを実は私は知らなかったんですね。内村鑑三を通して聖書の再臨信仰を知り、初めてキリスト教というものの本質を理解したんです。それは、再臨を信じる、信じないということではなく、キリスト教が持つ歴史に対するインパクトが根底的であり大事であると直観したんです。

佐藤さんの『神学の技法』でも終末論に言及しています。われわれ日本人は歴史を出来事の集積として考えますが、ご著書では「終末論は、円環ではなく、直線的な時間理解が前提となります。つまり、時間には始点と終点があるということです」と指摘されている。再臨したキリストによって最後の審判が行われる、つまり、目的・終点から見て、歴史が一つの直線的なものとなる。そして「歴史には、終わりがあり、それが同時に歴史の目的であり、終わりを迎えることによって歴史は完成するという考え方です。歴史に終点があるからこそ、人間は前を向いて、希望を持つことができます」としています。

　つまり、目標に向かって進んでいるという歴史観が大事であり、今起こっている政治の混乱や、戦争やテロといったもろもろの事柄も、終末という思想を視点に置いて、光源として見ることで希望のパースペクティブを持つことができる。

　その後、私はカール・バルトを読みました。バルトはもともとスイスの牧師ですが、第一次大戦時の同時期に内村鑑三と同じように「ローマ書」を読み返し、『ローマ書』という大著を記して、近代的なキリスト教の転換をなしました。そういう意味では、キリスト教的時間論、歴史論、すなわち終末＝目的から今を見返すというまなざしが、日本の知的風土に欠けているんですね。日本の知識人に残念ながらありがちな一神教への無理解は、この国の精神文化を突き抜けて「目に見えないもの」、終末論的な希望を〈見る〉ことをしないからでしょう。

佐藤　しかも、二重の意味で、目的論的な考え方は日本でダメになってしまった。一つは日本の伝統の影響があります。例えば「ＮＨＫ紅白歌合戦」が今のような視聴率を獲得している限り、終末論はわからない。紅白歌合戦はカオスを意図的につくり出します。十二月三十一日の午後十一時四十五分になると一瞬にしてNHKホールの喧噪《けんそう》がかき消され、「ゆく年くる年」が始まる。中継先の寺社が映し出され、例えば「滋賀、三井寺《みいでら》です」といったナレーションが入り除夜の鐘の音で静寂をつくり出す。喧噪から静寂といったコスモスをつくることで円環が閉じ、新しい気持ちになる。日本は、紅白歌合戦が高い視聴率をとれる限りにおいて、正月ごとに円環をなしてしまうという、世俗化された宗教性を生きている。そもそも、サブカルチャーとして民衆に深く入っているところで目的論は受け入れられないんです。

もう一つは、一九八三年に刊行された浅田彰《あきら》の『構造と力』、続く八四年の『逃走論』でポストモダンの革命が起こった。それ以降、主たる標的とされたのは目的論でした。ポストモダンとは、ジャン゠フランソワ・リオタールの『ポスト・モダンの条件』によれば、「大きな物語の終焉《しゅうえん》」です。目的論は当然大きな物語と結びついているので、それを脱構築していく中において、知的な世界、大衆的な世界の両方においても目的論は忌避されてきました。しかし、目的論的なものの世界観は、たぶんオウム真理教にはあると思うし、われわれキリスト教徒も持っていると思います。そう考えると、もう一度、目的論や終末論といった考えに関心を持つことは、反時代的だけれどもおもしろい。ここを回避したら、現代の危機は絶対にわからないんです。

富岡　現在起こっている危機という問題を考えると、今おっしゃった目的論的なものが物事の見方の非常に重要な起点になると思います。

アメリカ同時多発テロとバベルの塔

富岡　まず、危機という言葉を定義しておく必要があります。今回、対話するにあたり、佐藤さんに課題書として挙げていただいた、ユルゲン・ハーバーマスの『後期資本主義における正統化の問題』を読みました。これはなかなか難しいですね。

佐藤　ハーバーマスは、わかりやすいことを非常に難しく書く能力にたけているんです（笑）。

富岡　これだけ難しく書くのは反対に大変だ（笑）。

これは一九七三年の著書ですが、おそらくその後のグローバル化の、現在までつながる問題意識があると私は思います。後期資本主義においては、周期的ないわゆる経済恐慌はかなり封じ込められるようになったけれども、その危機が経済システムから政治システムに中心を移し、さらに社会や文化のシステムへと広がり、資本主義における経済危機がさまざまな形で複合化していく、あるいは潜在化していく、さらに常態化していく。そういう状況が出てきているという認識です。
例えば日本において、経済問題を論じるときに、経済の専門家が株価の変動とか、日本経済の行方とか、グローバル経済の問題とかを論じます。しかし、スペシャリストの切り方では問題の本質は見えてこない。危機自体を一つの世界史として見ていく必要性がある。
もう一つ、われわれはいまや戦争やテロの危機というものを非常に身近に感じるようになったが、その起点となったのは二〇〇一年の九月十一日、アメリカにおける同時多発テロです。ニューヨークの世界貿易センタービルという摩天楼に突っ込んだハイジャック機によって、まさにバベルの塔[*5]の崩壊を幻視させるごとくの「戦争」を見ました。

佐藤　世界貿易センタービルの崩壊を、バベルの塔のイメージと結びつけることがわれわれはできるけれど、思いの外、有識者の中にもできない人がいる。興味深いことに、アメリカの報道でもヨーロッパの報道でも、数日たつとあの映像をあまり流さなくなりました。バベルの塔の物語は、ユダヤ教、キリスト教、イスラム教すべてに共有されていますから、あの高いビルが崩壊すること自体がバベルの塔を想起させてしまうんですね。高層ビルを標的に据えること、つまり塔を倒すという計画には、シンボル操作としてものすごく意味合いがあったんです。

富岡　バベルの塔の話は旧約聖書の「創世記」に出てきますが、人間の力によって天に届こうとする。神の領域に入ろうとする。人間の理智《りち》のエネルギーというのでしょうか、近代世界に限らず、世界史の中には神の世界に近づこうとする人間的欲望がずっとある。しかし、十九世紀以降は神の世界から人間中心の世界に移行していきます。キリスト教神学でも、神の存在は天にあるのではなく、人間自身の精神とか感情にあるとして、神の居場所を心にもってくるようになった。

佐藤　フリードリヒ・シュライエルマッハー[*6]ですね。

富岡　いずれにしても人間中心主義になった。

アメリカ同時多発テロが起きた際、フランスの哲学者ジャン・ボードリヤールが、これは新たな戦争の形態であると言いました。つまり、これまでの世界大戦には、大きな戦争によって世界の秩序をつくっていくという要素があった。例えば第一次大戦後の欧米の支配、第二次大戦後は東西の冷戦の構造をつくっていく。しかし、アメリカの同時多発テロはいわば特異な、フラクタルな戦争である、とした。細胞が抗体の形をとって反逆していく――細胞のように散っていくというのでしょうか、そして文明社会のあらゆる部分を標的とする。世界を不安定にし、「周囲至るところに恐怖あり」という旧約聖書の言葉通りの状況をもたらしたんですね。

言い換えれば、見えない恐怖が日常性に同化していく。先ほどのハーバーマスで言えば、経済の恐慌が潜在化し、常態化する。同様に、戦争やテロも二十一世紀において潜在化し、常態化していく。おそらく今われわれが直面している危機は、そういう「目に見えない」危機ではないかと思う。その危機に対してどういう見方をしていくのか。

キリスト教の神学、あるいは、実はすぐれた文学も預言的なものをはらむので、そこも含めて議論を進めたいと思います。

文学が描く家族の危機

佐藤　ハーバーマスは確かにわかりにくいけれども、冒頭部分のたとえがおもしろい。危機というものを的確にあらわしている気がします。

〈危機の概念は、学問的な議論に入る以前に医療での用語法でおなじみである。そのさい、われわれが思い浮かべるのは、病気の進行過程において、生体・有機体の自然治癒力が快復するのに十分あるかどうかが決まる局面である。病気という危機的な経過は、なにか客体的・客観的なものであるように見える。たとえば、感染症は生体への外部からの作用によってひき起こされ、その生体がそうであるべき状態、すなわち健康という正常な状態から逸脱しているかどうかを観察することができ、経験的な数値を用いてそれを測定することができる〉（ユルゲン・ハーバーマス『後期資本主義における正統化の問題』）

しかし、そういうアプローチだと、「患者の意識はいかなる役割も果たしていないことになる。患者がどのように感じているのか、病気をどのように体験しているのか」は捉えられない。客観的なパラメーターだけで捉えていると、危機はわからないわけです。

だから、今の危機の遍在の問題に関しても主体的な要素は非常に重要になる。例えばリスク管理を考えた場合、風呂場で足を滑らせて溺れる可能性のほうが、九・一一後の、テロに遭遇する危機よりもずっと高い。でも、主観的な意味合いとは違うわけです。ハーバーマスはこう述べています。

〈危機を、そこに巻き込まれている人間の内面的な観点から切り離すことはできないのだ。患者が病気の客体性にたいして無力感を覚えるのは、ただ、みずからの力を完全に掌握した主体である可能性を一時的に奪われ、受動的であるように強いられた主体になっているからにほかならない〉（前掲書）

これはなかなかうまい洞察です。

文学で言えば、家庭の危機、家族の危機を描く作品が増えていますが、ミクロコスモスとの関係で重要だと私は思っています。柚木《ゆずき》麻子さんの『伊藤くん A to E』や『ナイルパーチの女子会』、あるいは西川美和《みわ》さんの『ゆれる』や『永い言い訳』が、比較的若い世代に共感を持って受け入れられるということは、危機の一つの反映だと思うんですよ。

富岡　ミクロコスモスの危機として家族の危機があるということですね。

佐藤　そう思います。『アンナ・カレーニナ』の冒頭「幸せな家族はどれもみな同じようにみえるが、不幸な家族にはそれぞれの不幸の形がある」（望月哲男訳）を思い出しますが、その意味においては、いま、不幸な家庭のそれぞれの不幸さについて、それぞれの差異を丁寧に描いていくと文学的に成功するんじゃないかと思う。

富岡　危機は、実は国家とか、世界の恐慌とか、戦争やテロとかだけでなく、むしろボードリヤールの言うように、あらゆる部分に取りついていく抗体としての細胞になっている。だから、世界的な経済危機などに限らず、一つの家族がどうお金を得て生きていくのかが問題になる。

カンヌ国際映画祭でパルムドールを受賞した、是枝裕和《これえだひろかず》監督の映画『万引き家族』では、おばあちゃんの家に転がり込んだ血の繋がらない五人が家族を形成し、祖母の年金と万引きでどうにか生活していく。そこにはリアルな危機が常態化している。そういう危機が内在化し、個人で内面化していく。卑小な問題ではあるけれど、真理は具体に宿るんですね。
佐藤　そう思います。発端はささいなことであっても、社会問題にまで発展しかねない。そこをうまくついて、革命に成功したのがレーニンです。

崩壊する社会システム

富岡　ハーバーマスが言っているのもさまざまなシステムの不全であり、社会全体から統合の基盤が失われていくということです。佐藤さんが上梓された『高畠素之《たかばたけもとゆき》の亡霊　ある国家社会主義者の危険な思想』でも、「まえがき」で危機の現実が記されています。

〈国際政治においても状況は危機的だ。二〇一七年一月に米国の大統領にドナルド・トランプ氏が就任してから、東アジアにおいても危機が現実となっている。米国と北朝鮮が戦争を始めれば、通常兵器だけを用いても二百万人以上の死者が出ると想定されている（中略）従って、朝鮮戦争が勃発すれば、米軍を中心とする朝鮮国連軍に基地を供与する日本は、北朝鮮の中距離弾道ミサイルの攻撃対象になる。また、日本国内に潜入している北朝鮮の工作員による攪乱工作も十分ありうる。／日本の内政状況を見ても危機的だ。森友学園への国有地売却問題をめぐって、財務官僚が公文書を書き換えるという前代未聞の不祥事が起きた〉（佐藤優『高畠素之の亡霊　ある国家社会主義者の危険な思想』）

このように、北朝鮮問題と官僚システムの崩壊を指摘しています。

文部科学省の局長が私立大学支援事業で便宜を図り、自分の息子を東京医科大学に不正合格させたという、官僚の問題も実際に起きました。

佐藤　絵に描いたような不正です。不正の認識が薄いことが露呈しましたが、そう考えると、この件だけでなく蔓延《まんえん》している可能性がある。この問題は日本の資本主義の構造や、日本の教育の構造の中で起きている。つまり構造的な危機ですから、この一回の危機的な状況を乗り越えても、また類似の問題が次々と起こる可能性が高い。

富岡　社会のシステムそのものが崩壊していると言えます。それが官僚制度の崩壊や政治ないしは政治家の劣化という現実をもたらしているし、言論に関しては袋小路《ふくろこうじ》のような現実をもたらしているんですね。

佐藤　他方、そういった危機から逃げることを巧みに描いた小説に、先ほど挙げた柚木麻子さんの『伊藤くん　A　to　E』があります。登場人物の伊藤をめぐる五つの連作になっています。その中の一つ「伊藤くんＥ」では、伊藤はシナリオライターの勉強会に通っていますが、作品を絶対に書かない。それはなぜか。

〈テレビも映画も小説も「傷つくことを恐れるな」と言い続けているけど、それは強者主導のルールですよ。傷ついても平気な顔で生きていけるのは、恥をかいても起き上がれるのは、ごく限られた特殊な人種だけなんですよ〉

〈だから、決して、作品を完成させるつもりはないんです。作品ができたら、必ず批判されます。かといって、創作活動をあきらめて会社員になるつもりもありません。社会の歯車になったら、競争が待っているでしょう。大勢の中に埋没して自分の価値を見失うに違いないですから。一生、僕はこの助走を続けます〉（柚木麻子『伊藤くん Ａ ｔｏ Ｅ』）

書けば人から評価される。人に侮辱され、さげすまれて、その後、立ち上がれるのは強者だけ。自分は強者ではないから、決して誰からも批判されたくない。みんなと同じ土俵には乗らない。作品を書かなければ、侮辱されることもなければ負けることもない。「誰からも傷つけられないということ」を第一目標に、こう言い放つわけです。これは現代における、一つの防衛本能ですね。

富岡　一概には言えませんが、いまの学生にもディフェンシブな心的傾向があります。社会のカオス化、あるいは社会の行方の不透明化と分裂化の中で、まず自分を守っていく。そうしないと生きていけない世界になってきているということだと思います。

実証できないものをどう見るか

富岡　私が名著だと思っているものの一つに、カール・レーヴィトの『世界史と救済史』があります。「世界史」は、ドイツ語で言うとWeltgeschichteになります。これは実際に起こった世界の歴史であり、今起こっている出来事でもあります。もう一つの「救済史」は、調べてみたらHeilsgeschehenとなっている。Geschehenは「出来事」です。「救済史」というより、「救済の出来事」といった意味合いが強い。

救済の出来事は、今起こっていることであると同時に、終末論で言えば目標です。キリスト教的に言えば、イエス・キリストの再臨における終末、被造物の救済というこれから起こる未来が繰り込まれているんですね。世界史の来歴と現在を正確にとらえるためには、将来の「救済の出来事」からのまなざしが求められる。

佐藤　今のお話を伺っていて思ったのが、もう一つ、原歴史（Urgeschichte）との関係です。

Heilsgeschehen あるいは Heilsgeschichte と Urgeschichte はどこかで結びつくはずです。
富岡　歴史の出発点と言いましょうか、原点と言ってもいい、存在・創造の故郷ですね。ある時代より遡った歴史は実証的には証明できません。キリスト教的に言えば神の創造にあたりますね。しかし、その原歴史を直覚することで歴史、ヒストリーは始まる。ナチスのプロパガンダとして、ローゼンベルクがゲルマン的な文化芸術を反ユダヤ・キリスト教のなかで称賛した「二十世紀の神話」という権力・暴力に対して、トーマス・マンが『ヨセフとその兄弟』で描こうとしたのは、一神教の誕生としての聖書の原歴史でしょう。
佐藤　最近、Urgeschichte を日本の文脈で上手に表現したのは哲学者の柄谷行人さんです。柄谷さんは『遊動論　柳田国男と山人』で、柳田國男を見る中で山人の考えを引き、目には見えないけれど、確実に存在する事柄を捉えています。

〈柳田国男が推定する固有信仰は、簡単にいうと、つぎのようなものである。人は死ぬと御霊になるのだが、死んで間もないときは、「荒みたま」である。すなわち、強い穢れをもつが、子孫の供養や祀りをうけて浄化されて、御霊となる。それは、初めは個別的であるが、一定の時間が経つと、一つの御霊に融けこむ。それが神（氏神）である。祖霊は、故郷の村里をのぞむ山の高みに昇って、子孫の家の繁盛を見守る。生と死の二つの世界の往来は自由である。祖霊は、盆や正月などにその家に招かれ共食し交流する存在となる。御霊が、現世に生まれ変わってくることもある〉（柄谷行人『遊動論　柳田国男と山人』）

人が死んだ後、その魂は裏山にいて、五十年ほどの間、共同体を見守っている。それは実証できないけれども、確実にあった事柄であるという言い方をしている。また、山人に関しても、こう述べています。

〈山民が現存するのに対して、山人は見つからない。しかし、山人の「思想」は確実に存在する。山人は幻想ではない。それは「思想」として存在するのだ〉（前掲書）

これは神学者たちが言うところのUrgeschichteの発想です。

富岡　それはとてもわかりやすいですね。

佐藤　しかし、歴史的に実証はできない。柄谷さんは、日本史の場合は室町時代より以前のものは実証になじまないと言う。でも、実証的に証明することはできないけれど、確実に存在するものがあると考えるのは、神学的にはごく普通の考え方です。

富岡　身近な言い方をすれば、目に見えないけれど、存在はしているということです。現代における危機は、まさに目に見える危機だけではありません。エマージェンシー（非常事態）という言葉がありますが、emergency の語源は中世ラテン語の ēmergentia が由来で、「ē（外へ）」と「mergere（沈む）」の組み合わせなんですね。これは沈んでいるものが外に出る、つまり、目に見えなかったものが姿を現す。好ましくない事態が起こることです。

佐藤　地震や噴火などに象徴される事態――どの宗教でも災害を悪と結びつけるイメージがあります。ちなみに、オウム真理教を地下鉄サリン事件に追い込んだのには、阪神・淡路大震災が明らかに関係しています――を終末論的な予兆として受け止めてしまいがちです。

富岡　それは重要なご指摘ですね。現代は地震予知・噴火予知の研究も進んでいますが、正確な予知は不可能です。明確に実証できないものをどう見るのか。それは神学的な視点の問題でもあるし、言葉の予兆性をはらむという意味で、文学的な視点の問題でもあります。

村上春樹『ねじまき鳥クロニクル』の予兆性

富岡　村上春樹さんの長編小説『ねじまき鳥クロニクル』は、それを端的にあらわしています。これは村上作品の中でエポックメーキングになった作品だと私は思います。この作品は三部構成になっていて、第一部「泥棒かささぎ編」と第二部「予言する鳥編」が一九九四年四月に出ています。そして第三部「鳥刺し男編」が九五年八月に出ている。つまり、一部、二部と三部の間には、オウム真理教の地下鉄サリン事件が起こった一九九五年三月二十日が挟まっている。

では、地下鉄サリン事件によって作品が大きく変わったかというと、そうではない。第一部、第二部で作品の時間設定は一九八四年六月から十月となっていますが、その中ですでに、暴力の問題が多様な形で出てくる。予兆されているんです。

「ねじまき鳥」は世界のねじを巻く鳥です。姿は見えないけれども「ねじまき鳥は毎日その近所の木立にやってきて、我々の属する静かな世界のねじを巻いた」とある。しかも、この鳥がもしねじを巻かなければ、どうなるか。

〈世界のねじはだんだん緩んでいって、その精妙なシステムもやがては完全に動きを停《と》めてしまうことになる〉

〈ねじまき鳥がねじを巻かないと、世界が動かないんだ。でも誰もそんなことは知らない。世の中の人々はみんなもっと立派で複雑で巨大な装置がしっかりと世界を動かしていると思っている〉（村上春樹『ねじまき鳥クロニクル』）

これはある種の終末論です。世界が停止するという感覚、二度と動かなくなるという危機感。永久に動き進んでいると疑わなかった世界がピタリととまったら、というヴィジョンが提示されています。その世界から歴史上の暴力、作品では昭和十四年（一九三九年）の満州・蒙古《もうこ》地帯のノモンハンの戦闘に行った老人が外蒙古の砂漠の深い井戸に飛び込んだ話、あるいはロシア人と蒙古人によって皮剝ぎの拷問を受ける日本人の将校の話を見ていく。もう一方では、登場人物の女性たちが暴力的に凌辱《りょうじょく》される。このいずれも、ある種の暴力によって無感覚に達する。そのとき、世界は凍りついて動かなくなる。こういった歴史の暴力と破壊、それと無感覚とが結びついたものをアクチュアルに描いています。そして、九五年三月二十日に目に見える衝撃としてオウムのサリン事件が起こる。

その後、村上さんは『アンダーグラウンド』という、地下鉄サリン事件の関係者、被害者に丁寧なインタビュー等をした著書を出されました。まさにアンダーグラウンド、底に沈んでいたものが表に出てくる危機、災悪として描いているんですね。こういう作品が文学の分野からも出てきた。オウム真理教事件の問題は、麻原彰晃こと松本智津夫の死刑が執行されたことで、司法の問題としては結論を出した。しかし、本当は何も解明できていない。これは今後も、文学的課題でもあるし、宗教的なるものの本質的な課題でもあると思います。

私語が跋扈する情報空間

佐藤　今回の対話で富岡さんにお話を伺うにあたって、文芸批評とは何かという根源的なことを私は知りたいんです。文学はこれまで、小説と批評が車の両輪のようにして文壇を形成してきた。また論壇との関係も強かったけれども、いまではその関係が非常に希薄になってきています。目的論的な問題意識に基づくものですが、文芸批評とはそもそもどういったものので、現在はどうなっているのか、今後はどの方向に向かっていくのかを含め、この対話の中で浮き彫りになると、テーマとしておもしろいのではないかとも思っています。

富岡　おっしゃるとおりで、戦後だけで考えても、文芸批評が、小説などの文学作品を通して、その時代の状況をえぐって見せる。時代の表象の出来事だけでなく、まさに沈み込んでいる危機を、文芸批評の刃が腑分《ふわ》けするということをやってきました。

具体的に言えば、江藤淳《じゅん》は『成熟と喪失』において、第三の新人、吉行淳之介《よしゆきじゅんのすけ》、安岡章太郎、庄野潤三《しょうのじゅんぞう》、遠藤周作といった人たちの作品を貫く、戦後の父性的原理の崩壊と同時に、母性的なるものの喪失を描きました。この評論の成否はおいておきますが、当時は文芸批評の時代的役割があったと思うんです。

その後、そういうものが急速にやりにくい状況になったのには、浅田彰の『構造と力』以降のポストモダン思想の状況ともかかわりがあったと思います。文芸批評におけるテキスト論は高度な分析ができるようになったけれど、時代と向き合うという姿勢はなくなってきたんですね。佐藤さんはどう思いますか。

佐藤　まったくそのとおりだと思います。江藤淳さんが『批評と私』の中の「ユダの季節」で、保守派で徒党を組む粕谷《かすや》一希《かずき》さんに対し、公共空間の中で、論評ではなく「私語」を言っているると批判した。これが一九八三年です。そのような公論をよそおう私語が、いつの間にか批評とニアリーイコールになってしまった。だから、好き嫌いやその作家との距離関係で、断罪するかしないかを決めてしまう。

特に最近、村上さんに対する意見を見て感じるのは、メジャーなものは批判しないといけない、否定的に捉えないといけないという強迫観念です。朝日新聞の書評欄を見て感じることですが、大手出版社から刊行されたものは極力扱わず、学術出版社か地方出版社の刊行物を扱いがちです。これにはテキストに内在している力とか内容とはかけ離れた、私的な力学が働いている。それが蔓延すると、現在の5ちゃんねる、あるいはウェブ空間で流れている言説との差異がなくなってしまう。

だから、いまこそ批評を再建しなければいけない。作家と批評家の両方に言えると思いますが、強靭《きょうじん》な思考力を持ち、なおかつ勤勉な人は、大学と作家、文芸批評家としての活動を両立できる。
富岡　文芸批評だけでは食えないというところがありますが（苦笑）。
佐藤　しかし、富岡さんは教育に手を抜いていない。ところが、気をつけないといけないのは、小説の世界でもノンフィクションの世界でもよく見られることですが、大学の仕事が忙しいとの理由で、作品をあまり書かなくなる。書くにしても大学の仕事をエクスキューズにする。また反対に、大学では、自分は作家だからという理由で教育とか教材研究まではやっていられないと言う。人間というのは弱い動物ですからエクスキューズしたがる。現在、大学という場所の緊張感がなくなっていることと、文学とノンフィクションと批評の間の緊張関係がなくなっていることとは、何かしら相関関係があるような気がします。
富岡　そのとおりです。さきほど文科省の問題が出てきましたが、端的に言えば、大学も十八歳人口の急激な減少によって、定員が満たせないという物理的な現象があり、学生がお客様になっている現実があります。ただ、それ以上に、大学における高等教育のあり方そのものが、かなりあいまいな形になってしまったんですね。
佐藤　文科省の事件で言えば、東京医科大学が仮にＡＯ試験、自己推薦を取り入れていたら、明確な基準はなく、不正に該当するのかどうかもわからない。そうすると、ＡＯ試験や自己推薦の書類から文科省関係者を洗い出してみた場合、蓋が閉じられないような事態になる可能性が大いにあります。

富岡　パンドラの箱ですね。

佐藤　しかも、国費で数十億単位の助成金をつけた担当部局の人間が、数年後にその大学の教授に天下りしているとか、事務の責任者が天下りをしているとか、もし今回の件が贈収賄事件として立件できることになれば（その後、七月二十四日に受託収賄罪で起訴）、大学側の態度次第では、次々と官僚が捕まっていくことになる。

富岡　行政システムが危機に対応不能になっている端的な例です。それは論壇、文壇、マスコミ、ジャーナリズムすべてとかかわってくると思います。

佐藤　政治運動ともかかわってきますね。一方においてネトウヨや在特会（在日特権を許さない市民の会）みたいな形は批判されました。他方においてＳＥＡＬＤｓは受け入れられたように見えたけれど、私は一緒だと思う。バラバラに存在する者が官邸の前に集まり、集会をして解散する。これには責任主体がないですよね。その指導的な層は、本人同士のキャリアアップのために行っているにすぎない。排外主義的な運動でナショナリストになるために必要なのは、わめき散らすことですから、そういう形でのキャリアアップとして使われている。そこに関してリベラルとか左派と自分たちを認知する人間は、絶対にＳＥＡＬＤｓを批判しない。逆に保守派の人たちの少なくない部分が、自分たちはネトウヨや在特会とは違う、ヘイト言説はしない、一線を画すと言いながら、実際はヘイト言説を展開している。

でも、彼らが今直面している一番深刻なことは、YouTube問題だと思う。YouTubeが今、ヘイト言説をどんどん削除しているんですね。三回消されると、その人間は永久に登録できなくなる。だから、今YouTubeの世界でものすごい数の人たちが消えていっているんです。同時に、その中で、排外主義的な言説を掲げて百万円程度稼ぐ人は結構いる。だけど、その稼ぐ人たちは登録抹消されることで年収一千数百万円を失うわけです。

富岡　私語が跳梁跋扈《ちょうりょうばっこ》している情報空間の拡散と抑圧の問題が、YouTubeを含め出てきているんですね。

佐藤　そう思います。デジタル化の問題を考えても、例えばネット空間に漫画村のようなサイトができる。すると、無料の海賊版サイトなどけしからん、と出版社はお上に依頼して遮断する。その先は、違法行為を取り締まるために立法しろとなっていく。つまり、立法措置をして通信の秘密とか遮断を恒常化することをメディアが主張しているんですね。でも、その背後にあるのは、新自由主義的な商業主義です。メディアにとって邪魔なものは完全にタブー化する。なぜならば、そこでメシを食っているわけですから。

富岡　次回に議論したい新自由主義と資本主義の問題につながります。

佐藤　これも現代のシステム危機の一面なんですね。

日本のポストモダンの問題

富岡　八〇年代の話に戻すと、ポストモダンの主張は、佐藤さんがおっしゃったように、目的論的なものを拒否するということです。キリスト教で言えば、終末論を忌避していく、それをかわしていくという身ぶり、パフォーマンスがあったと思います。別な言い方をすればボトムがない。つまり、根底がない。それは、恣意的に選択された世界であることを自覚することが不可欠であるという、ポストモダン言説の一つの特徴だったと思います。

佐藤　それまでの底がないというのは、シェリングの「無底」みたいなものです。この世界は泥沼のようなもので底は見えない。しかし底なし沼にもやはり「無底」という名前の底があった。人間が思索を進めていくと最後に突き当たるものが「底」であるとしたんですね。しかし、本当に底がない形の「無底」は、ポストモダン現象が生み出したことです。

富岡　八〇年代のポストモダン現象、加えていまの情報機器の進化で、目に見えない危機が拡散しているという状況がある。私は八〇年代に文芸批評を書き始めました。村上春樹さんが『風の歌を聴け』でデビューしたのと同じ一九七九年に、群像新人賞の評論部門の優秀作に当選しました。空気的にはまさにポストモダンの時代です。ポスト構造主義とか、記号論とか、テキスト論とかが主流で、自分も現場の批評を書いている人間として、違和感を持ちながらも、当然そういうものに棹差《さおさ》していきました。それらとかかわりながら、作品論や作家論を書いていったわけです。

しかし、その後内村鑑三を論じていた時期とクロスしていますが、当時、主にフランスから翻訳されたポスト構造主義を見てみると、現代思想、ポストモダニズムは、〈本の中の本〉、つまり聖書が神的な位置を失ったところでの一種の代用神学として、新たな思想として生まれた。つまり、欧米のポストモダニズムの文芸批評は、逆説的な意味で、神との関係を問い続けたわけです。その意味において、欧米の批評家たちは二千年越しの一種の宗教戦争を展開してきていると言えます。しかし、日本では「神」の文脈どころか、「神の問題」の文脈が根本的に欠落していると思わざるを得なかったんです。

佐藤　神がないところにおいて、神を殺す。キリスト教が根づいていない日本においては、キリスト教的なるものに対して異議を申し立てることの社会的な圧力、文壇内での圧力、思想的な世界での軋轢《あつれき》がほとんどない。そうなると、非常に安易な選択になり得るのです。

富岡　おそらく日本の近代におけるニーチェ受容の問題、あるいはキェルケゴール受容の問題にもかかわってくるんですね。だから、これは戦後的な、あるいは八〇年代以降のポストモダン批評だけの問題設定ではないと思うんです。
佐藤　ただし、ポストモダン的な人は、マルクス主義との対立を極力避けるということがあります。悪い意味でのサルトルの影響だと思います。

マルクス主義という宗教

富岡　ポストモダンがマルクス主義を回避していったという問題に関し、マルクス主義の本質にはキリスト教があるということをもう一度確認しないといけないですね。
佐藤　それが重要なポイントです。カール・バルト[*7]の場合は、マルクス主義者との取り組みにはあまり関心を寄せなかったけれど、神はロシア共産主義を通じても啓示できると言っているように、そこへの了解はあると思うんです。
日本においては、廣松渉《ひろまつわたる》の存在が大きいと思います。廣松さんはマルクス主義哲学者です。関係の一次性ということを唱えて、すべての物事は関係から生まれるとした。また、伝統的な仏教の考え方を導入した。彼の物象化論は、措定している最初の立場が無や空だから、それはすべて因果関係から生まれてくるという、縁起観に基づいている。神なきマルクス主義、つまり、マルクス主義から神を外していくことは本来大変な作業ですが、これらの仏教的な思考を通して、簡単に神殺しをしてしまった。関係性の問題を発展させるのに、フッサールを上手に使ったと思う。実体的な世界観はナンセンスだとしたんですね。

富岡　共同主観性（間主観性）という問題ですね。

佐藤　そうです。廣松さんのライフワークだった『存在と意味』は二巻の途中で終わっているけれど、その最後が正義論になっています。廣松さんの考える共産主義社会は、未来において実現される。未来の正義という形で、未来の共同主観性があり、それが共産主義になると言っている。これはキリスト教でいう目的論です。

富岡　なるほど、そうですね。廣松さんは、マルクス主義における宗教的なるものを外そうとして、——マルクス以前に哲学者のフォイエルバッハが『キリスト教の本質』[*8]で、神は人間の理性や感情によって捉えられるものだとして、神学を人間学としました——特にロシア・マルクス主義においては、佐藤さんが『神学の技法』で指摘されているように、宗教性を持ってしまった。

佐藤　マルクス主義というイデオロギーを信じているわけですからね。

富岡　つまり、無神論ではあるけれど、それ自体が「無神論を信じる」という宗教性を帯びてしまうんですね。ロシア・プロレタリア革命は、そういう土壌から出てきました。ロシアではマルクス主義が宗教になってしまった。そして、ロシア正教の中にあるキリスト教的なものが転倒した形で、地上に神の王国を建設しようとした。この逆転現象がロシア革命であったし、ソビエト国家であったと思います。

本来のキリスト教信仰から言えば、人間の理性で、人間の手と力で神の国はつくれません。「神と人間の絶対的な差異」、これはカール・バルトの言葉ですが、信仰の要点として、神と人間を結びつけてしまったことが啓蒙《けいもう》主義以降の近代思想で、フォイエルバッハもそうです。その延長上に、神の王国を地上につくろうとするマルクス主義がでてきた。このことをしっかりと確認しておく必要があります。

佐藤　そこは、東方キリスト教と西方キリスト教の違いで、例えばドストエフスキーを理解するときのポイントは、ニカイア・コンスタンティノポリス信条[*9]の解釈だと思うのです。

ニカイア・コンスタンティノポリス信条のオリジナルは、「聖霊は父から発出する」となっていますが、西方教会はそれに「父及び子から」と、ラテン語で「Filioque《フィリオクエ》（子からも）」発出すると言葉を付加しました。一見、些末《さまつ》な神学論争のように見えますが、西方教会、プロテスタント、カトリックにおいては「父及び子から」となると、論理展開としてわれわれは聖霊をどうやって知ることができるのかが問題になる。人間は父なる神を直接知ることはできません。父は子を通じてしか知れない。しかし、子は「然り、わたしはすぐに来る」と言い残して、天上に昇ってしまった。

富岡　キリストですね。

佐藤　キリストは死んで復活し、現在は天にいます。その間、キリストの真理は教会によって保全されます。キリストの昇天後、聖霊の力によって地上に教会ができた。したがって、聖霊の発出は教会に限定されます。それゆえに、教会以外に救いはないし、キリスト教徒以外にダイレクトに神が働きかけることはない。

ところが、「Filioque《フィリオクエ》」がないと問題もあります。アルバニア人のイスマイル・カダレの小説『夢宮殿』では、――国民の見た夢を分類・解釈する機関があり、それらの夢を国家が管理するという話ですが――アッラーは予告的な夢を投げかけてくるけれど、「それがどこに落ちるかは気にとめようとなさらん」と、誰に予告するかは極めて無頓着で、どこに啓示がおりてくるかわからない。つまり、東方教会においては、聖霊がどこにおりてくるかはわからない。教会外でも聖霊が働くんです。それは仏教徒にかもしれないし、無神論者にかもしれない。原理的にキリストを通さなくてもおりてくるとなると、共産主義者のところにも聖霊がおりてくるならば、神の国は建設できるわけです。

富岡　そうですね。ロシアにはだいたい十世紀ごろにキリスト教が入ってくる。いまおっしゃったような三位一体《さんみいったい》*10からずれて、神と人間が直接につながっていくという土壌があったわけです。そこにマルクス主義という革命思想が入り、ロシア革命、ソビエト国家をつくるというダイナミックかつ倒錯的なドラマを生んだ。

戦前の日本の共産主義者の中にも、プロレタリア・メシアニズムという言葉があって、プロレタリア革命は一種の神による終末論的な世界観であるとしてメシアニズムと結びつき、新たな世界秩序を築いていくとされていました。

佐藤　ところで、聖霊の特殊な理解に関しては、日本に正教を伝道したニコライが、ロシア語のドゥーフ、つまり聖霊（ギリシャ語ではプネウマ）を訳すのに、「霊」という言葉を使いたくないと、迷った末に結局、造語するんです。「神」という言葉の右肩に「゜」をつける新しい漢字をつくった。「霊」ではない、「神゜」だ、として、「聖霊」を「聖神゜」と訳した。「霊」という表現では弱過ぎて、「神」のリアリティが伝わらないから、「父、子、聖神゜」なんだ、と。本当のところは、スピリットの精神にもかけたのだと思いますが。

富岡　本来のキリスト教の神学のスタイルから言うと、異端的で特殊なものですね。

佐藤　グノーシス[*11]のにおいがしますね。ところが、僕がロシアにいて感じたのは、グノーシスという言葉自体が、インテリ層で否定的な意味を持っていないことでした。「グノーシス」という名前の雑誌をつくって、そこでバルトを紹介したりしている。西欧や日本とは抵抗感が違うんですね。神が人になったのは、人が神になるためだ、その道はある、とか言うんです。

カール・バルトの宗教批判

富岡　グノーシスは、本来認識、知識という意味ですが、人間が神様になるという逆転現象が、キリスト教の歴史の中でも起こってきている。カール・バルトの仕事で一番大きなことはパウロの「ローマ書」を読み返すことで、キリスト教の「キリスト教的」「宗教的」なるものを批判し、徹底して破壊したことです。イエス・キリストが「宗教的なるもの」を打ち砕き、そこからイエス・キリストの存在を再発見する。

佐藤　富岡さんの『使徒的人間』の「虚無的なもの」の章で明瞭に出ているところですね。

〈二十世紀の歴史が露わにしたものは、無神的な人間の現実である。それは「神」が存在するとかしないとかの「神の存在証明」の問題ではなく、神がこの世界を造った、その創造の全体性と対立する「実在の」災悪と死の形態をもつ。バルトが問題にするのは、この地上の現実である〉（富岡幸一郎『使徒的人間　カール・バルト』）

私自身の個人史でも、バルトの存在は非常に大きかった。チェコの神学者ヨゼフ・ルクル・フロマートカ[*12]に影響を受ける前段階で私にとって大きかった問題は宗教批判です。最初、私はフォイエルバッハ、マルクスの無神論、宗教批判に関心があって神学部に進みました。夏休みに神学館の図書室にこもって、ヘーゲル左派とマルクス主義の無神論に関する書物を徹底的に読んだ。そして、バルトの『ローマ書』、あるいは戦後の彼の政治関係の東西冷戦の論文を読み進めるうちに、フォイエルバッハやマルクスの宗教批判はバルトと比べると浅いし弱いと感じるようになった。フォイエルバッハの言っている神は、キリスト教が啓示によって否定しているところの偶像じゃないか、マルクスが想定している神や宗教は、人間の欲望を投影したイデオロギーじゃないか、と。キリスト教神学においては全部処理済みの問題だったんですね。

フォイエルバッハやマルクスの無神論が不十分だったのは、われわれが思考し、超越的なものを考えた場合、宗教的なものにならざるを得ないという点です。啓示によって宗教を脱構築するといっても、そこから生まれてくるのは宗教的なるものです。これが逆に、私の場合はシュライエルマッハーと結びついたんです。シュライエルマッハーは、神学に独自の方法論はなく、その時代に受容されている主流の哲学の衣でしか表現はできないと考えていた。

富岡　シュライエルマッハーは、哲学を使ってキリスト教を説明しようとしたところがありますね。

佐藤　そうです。でも、それで結局行き詰まる。シュライエルマッハーは宗教の本質を「直観と感情」として神を心に持ってきたけれど、それでは心理作用と区別できなくなって無神論につながってしまう。それを打ち破ったのがバルトですね。人間の心理作用から隔絶した、超越した神を再確立した。

私は「人間は神について語ることはできない。しかし、たとえ不可能であるとはいえ、人間は神について語らざるをえない」とした、「不可能の可能性」というバルトのその発想に触れ、洗礼を受けるとともに、当時所属していた社青同（日本社会主義青年同盟）という社会党左派の青年団体から離れなくてはならない、と思った。十九歳のときに洗礼を受けてから、キリスト教信仰に疑念が生じたことはありません。

富岡　私も『使徒的人間』のエピグラフで、バルトが第一次大戦の直後に書いた『ローマ書』第二版から、「イエス・キリストによる神の義は、宗教という朦朧たるものの中に落雷して、その場で人間の実存を炎上させる認識の雷火である。ゴルゴタの丘では、あらゆる人間的可能性と共に宗教的可能性もまた神に献げられる」を引きました。

宗教あるいは宗教的なるものは、人間がつくり出した貪欲のエネルギーである。それは仏教とか、ヒンズー教とか、何々教とかいう問題ではなく、人間の中には必ず宗教的可能性をみずからの中につくり出すものが内在していて、実はそれに対してイエス・キリストが否を突きつけた。神的なものと一致しようとする人間の究極の可能性、それを切断したということです。

佐藤　現代思想との文脈から言うと、『使徒的人間』でサルトルを取り扱った箇所で、富岡さんはこう書かれています。

〈この実存主義の原理は、まさしく宗教的人間の発する声である。なぜなら、ここでは神の不在という理由のもとに、「自由」という人間的可能性が極限化され、唯一無二のものとされ、神化されているからである。「自由」の刑に処せられているとは、人間が自らの責任によって「自分を神と等しく」して、「神から神のものを奪い」現実に対峙しなければならないということだ。実存主義の、その無神論的ヒューマニズムの根本的性格は、このように「神的なもの」の陰画であるがゆえに、きわめて宗教的なのである。／かくして神を信仰しようが、無神論であろうが、宗教は人間的可能性の「最後にして最高」の欲望としてあらわれ、それは最大の可能性であるがために、また最悪のものとなる。バルトはこの宗教の現実を徹底的に暴き出すのである〉（前掲書）

ポイントは、神学者たちにはここのところが見えていないことです。バルトには見えていたものが、多くの神学者や牧師には見えない。だから、マルクスの宗教批判がいかに重要なのかがわからない。キェルケゴールの文脈の中とピューリタニズム[*13]の文脈の中でみんな捉えてしまうんですね。

アンチエイジングからオウム真理教まで

佐藤　『使徒的人間』には「使徒」と「天才」を分ける見方が示されています。

〈キェルケゴールが「天才」と「使徒」の質的な相違について、天才は自分自身によって、自分の内にあるものによってその存在があるが、使徒は神からの権能によって存在するといった言葉を改めて想起してもいいだろう。ルネッサンス以降の近代文明は、人間が神の領域を凌駕しうるかのように世界の中心に立つことで、「天才」の時代であり世紀であった。思想はつねに「新しい何か、特別な何か」という独創性を求め、キリスト教もまたそのなかにあって哲学として、思想として語られてきた。近代とは、その意味では「天才」待望の時代であり、くりかえし新たな思想を探究する時代であった。／カール・バルトが呈示するのは、ルネッサンス、啓蒙主義以来ながらく続いた、そのような思想家の時代の終焉である。そして、そこに登場するのは、「自分の内にあるもの」を語る、「新しい何か」を語ろうとする「天才」ではなく、自らは空洞であり、そのことによって手渡された真理の言葉を「引き渡し」ていく、イスカリオテのユダを嚆矢とする「使徒」的な人間の姿であり活動である〉

〈使徒とはつねに、自己を超越したこの呼び出しによって召喚され、そのような者たちとしてこの世界へと遣わされる〉（前掲書）

これは富岡さんのオリジナルの考えですね。けれど、みんなは天才と使徒を混乱していて、天才への道が宗教だと言うけれど、そうでなく、われわれは使徒の道に従っていく。だから、隷従への道なんですね。

富岡　ルター的に言えば、そうなると思います。天才というのは、ある意味、人間の可能性を極限化しようとする力です。人間の理性とか、人間の能力とか、これを神的な領域まで拡大しようとするのが人間です。

佐藤　現代風に言えば、アンチエイジングですね。いつまでも若い姿で、いつまでも生き続けようとする。こういったものも天才の発想です。

富岡　アンチエイジングは、そういう意味では宗教的ですね（笑）。宗教なんて信じないよと言っている人たちの中にも、いや、そういう人たちの中にこそ、宗教的可能性、言い換えれば人間的可能性の最後にして最高の欲望があるんです。

佐藤　例えば東大生はトレンドに弱い。東大の学生が卒業後なぜ投資銀行で働きたがるのか、なぜ起業したがるのか。それは拝金教という宗教を信じているからです。なぜ東大の理Ⅲに来たのか。高い山に登りたかったから。これは偏差値教という宗教です。われわれが自覚していないような宗教が周辺に山ほどある。

富岡　宗教的なるものとは、そういう欲望のことです。例えばマルクス主義は革命運動を起こし、マルクスが考えていた「自由の国」とは違う収容所国家になった。あるいは、人を捕え、拷問し、虐殺するということになった。宗教的なるものが、まさに最悪にして、最大のポテンシャルを出してくるということが明快な構造でもあるし、大きな問題なんですね。オウム真理教を単にカルトと片づけずに、この本来は「見えないもの」を擬態として可視化する「宗教的なるもの」の一つとしてとらえる必要があるでしょう。

さきほど取り上げた『ねじまき鳥クロニクル』の後、村上春樹さんは二〇〇九年から一〇年にかけ『1Q84』という長編小説を出しました。この作品も、根底には宗教的なるものへの批判が強くあると思います。

佐藤　「証人会」や「さきがけ」といった名称の宗教団体が出てきますね。僕がおもしろいと思ったのは、主人公の天吾の父親はNHKの集金人をしていますが、委託集金人から正規職員になり、仕舞いには幼い天吾を連れ日曜日に集金に行く。仕事に溺れていき、全体が見えなくなっていく。そこの雰囲気がよくあらわれています。一種の企業批判としても読むことができる。また、「証人会」「さきがけ」というカルト集団と、受信料の集金人とはパラレルな世界を描いているとも言えますね。

富岡　『1Q84』は、ジョージ・オーウェルの『一九八四年』が土台になっています。『一九八四年』の中にビッグ・ブラザーというエリート層の頂点にいるとされる独裁者が描かれていて、それはスターリニズムを寓話《ぐうわ》化したものです。しかし、現代になるとビッグ・ブラザーというタームはなく、むしろ有名になって見え透いた存在になってしまった。これに対し、今あるのは目に見えない存在ともいえる「リトル・ピープル」である、とする。リトル・ピープルは、現代における宗教的なるものの体現者として出てきています。

作品全体としては、個別の宗教団体を暗喩する具体性はなく、一つの宗教的なるものの空気、あるいはそれがフラクタルに拡散した細胞のようにしてこの社会を覆い、場合によってはテロを起こし、場合によってはそのほかの事件を起こしという、世界全体を包み込む不穏なムードを村上さんは描いているんですね。現代はおそらくその延長で来ていると思うんです。

佐藤　もう一つの重要なメタファーとして、月があります。特定の人には二つ目の月が見える。二つ目の月が見える人たちの共同体は明らかに存在しています。これはキリスト教でいう「見える教会」と「見えない教会」に近い。プロテスタント神学には、教会には目に見える制度的な教会と、目に見えないけれど確実に存在する教会がある。「見える教会」の中にいる人たちには見えていないけれども、「見える教会」のメンバーであると同時に「見えない教会」のメンバーである人たちは、教派横断的に二つ目の月が見えるわけです。

ウラジーミル・ソローキンに『氷』という小説があります。「兄弟団」と称する組織が人々を拉致して、「心で語れ」と叫びながら氷でできたハンマーで彼らの胸をたたくのですが、特定の人間だけそれに反応して鼓動する。あれともすごく似ている。現代小説家の中にある危機というものが、目には見えないけれど確実に存在するものとしてパラレルに現れている。村上春樹、ソローキンの二人が、同じように感じるということは、やっぱりパラレルワールドは存在するんですね。

富岡　村上作品には一貫してパラレルワールドが描かれています。初期の『世界の終りとハードボイルド・ワンダーランド』もそうですが、九五年という転換点以降、その世界をより先鋭に描き出してきているし、おそらくそこに宗教的なるものとの対峙が出てきていると思います。

佐藤　『1Q84』がとてもおもしろいと思ったのは、これはパラレルワールドではないと言っている形のパラレルワールドだからです。これはどういうことか、私の解釈ですが、上座部（小乗）仏教の阿毘達磨《アビダルマ》的な感じがする。あるところから見ればこう見えるけれど、別から見ればこう見える。それが同時的に存在している。そういう現象は、われわれの中にたくさんあると思う。

人間はどのように救済されるか

富岡　村上さんの最新作『騎士団長殺し』で、私が衝撃を受けたのは、存在しない「顔」を描くということです。この小説は全二巻で第一部が「顕れるイデア編」、第二部が「遷ろうメタファー編」となっていて、第一部の冒頭、顔のない男が肖像画専門の画家に「肖像を描いてもらいにきたのだ」と言う。主人公の画家は「でもどこから始めればいいのか、どこに発端を見つければいいのか、それがわからなかった。なにしろそこにあるのはただの無なのだ。何もない、、、、ないものをいったいどのように造形すればいいのだろう？」と思案する。ないものをどう描くか。これは小説家の課題でもあるし、文芸批評家の課題でもあるかもしれない。

佐藤　虚無を実体化させているんですね。

富岡　まさにそうです。バルトが言っている虚無的なるもの、ドイツ語で言えばdas Nichtigeです。虚無というのは「無」ではなく、実在するものなんですね。虚無という明確な存在がある。

バルトの『教会教義学』の中にも、虚無的なるものはあって、これは無ではなくて実在している。これが実在しているから例えば第一次大戦があり、第二次大戦があり、今日の現実のカオスがあるし、罪、災悪、死というものもある。虚無的なるものは観念ではなくて、実在しているんだ、と言っている。

佐藤　アウグスティヌスは悪の理解を「善の欠如」と考えた。神学者のアリスター・E・マクグラスの表現だと、スイスチーズの穴の部分になるわけです。要するに、欠如している部分が悪になる。穴だから実体がない。しかし、ドストエフスキーにおいては、悪は目には見えないけれども、虚無なるものとして実体的であるとしています。

富岡　おそらくこの意識は『騎士団長殺し』の根底にあって、虚無というものを前にして、現代においてそれをどう描くのかというテーマがあると思います。

佐藤　村上さんはメタファーという言葉を使いながらも、むしろアナロジカル、類比的だという気がする。テキストとして何と類比的かというと、僕は『神曲』の「煉獄篇《れんごくへん》」に似ていると思ったんですね。アトリエ裏の雑木林にある石室に入り込み、もう一つの世界をぐるぐる回っている。
富岡　ダンテの『神曲』は、はっきりとキリスト教的な世界観の一つの構図化ですね。
佐藤　しかも、中世的な世界像を近世的な言葉で描くというハイブリッド構造がある。このハイブリッド構造をさらに近代的な言語に翻訳しかえたのが、たぶんゲーテの『ファウスト』です。
富岡　そういうものが西欧文学の中心にはありますが、おそらく村上春樹さんは、『騎士団長殺し』において、虚無的なるものを神なき日本の地平で、どう言葉で繰り出していくかを実践しようとしたんだと思う。
　文学作品の一つの読み方の視点として、神学的な視点とか、救世主の視点とかが必要になってくるんですね。現代の深い危機、実在の悪とか、実在の死とか、実在の地獄というものを本質的な形で作家は描こうとしている。
佐藤　逆に、明治以降、特に一九三〇年代を経て第二次世界大戦が終わるまでの間は、かなり人為的な操作によって、制度設計をするときに超越性や目的論を植え込んだ。
富岡　国家が目的論的なものを取り込むとなると、それはファシズムや全体主義というテーマにもなり得ます。

佐藤　それができると思ったという構築主義的な発想が、戦前の自分たちは自己意識としては国家主義者で保守的と思ったのかもしれないけれど、その人たちの設計主義、構築主義は、フランス革命で見ると、議長席から見て左側に座っていた左翼の人たちの考えとしか思えなかったという、逆説が生まれる。

富岡　その意味においては、国家主義者が社会主義と親和性を持つというのは自然な動きです。

佐藤　それは現代においても継続していて、立派な教育基本法に改正すれば立派な道徳と愛国心を持った日本人が育つとか、憲法を改正すれば、背筋の通った日本人ができるという発想は、設計主義、構築主義です。でも本当は、目には見えなくとも確実に存在するような国体があるから、成文憲法の問題はそんなに心配しないでいい。

富岡　そこは今の保守の議論の脆弱《ぜいじゃく》さでもあるし、逆に危険なところでもある。ナショナリズムや国家主義が転倒した形で超越性に接したときの問題が出てくると思います。これは次回以降に改めて国家論とか天皇論とかで議論したいところです。

佐藤　その文脈で思い出しましたが、二〇〇八年に「週刊金曜日」で土井たか子さんと対談した際、彼女は「私は共和制論者ではありません」「しいて言えば憲法主義ですね」と、護憲というのは九条だけの護憲でなく、重要なのは一条から八条までの護憲だと言った。「憲法を尊重する認識と立場、考え方が根底にないと駄目なんですね」と、象徴という形での天皇という意味においては、天皇は自分にとって極めて重要であるとおっしゃったんです。

富岡　それは初めて聞きました。

佐藤　土井さんの根っこの部分に国体論があります。彼女のキリスト教信仰と裏表なのかもしれません。彼女の世界観や平和主義の中にある国体的な要素を腑分けしておけばよかったと思います。

富岡　世界を見るまなざしの中に、終末論的な希望を、あるいは救世主の待望を持ち得ているかどうか。それはキリスト教を信仰しているか、していないかとは関係なく、とても重要です。現代というカオス、まさに常態化している危機の時代において、人間がどのように救済されるのかというテーマが、まなざしの中に内在化されているかどうかなんですね。

佐藤　反対に、まなざしの中に救済が内在化されていない現在の状況とは何なのか。たぶんキェルケゴールの偉大さはそこにあると思う。「非本来的絶望[*14]」という形で、絶望的状況にあることを気づかない人たちの存在がある。まさにその気づきを与えるのが、実は文学のはずなんですね。村上作品もそうだし、そのほか、例えば古川日出男《ふるかわひでお》さんの『ミライミライ』もそうだし、村田沙耶香《むらたさやか》さんの『コンビニ人間』だってそうです。悪のリアリティを感じさせることができる。いま絶望的な状況にいるということをふと気づかせてくれる。

富岡　それが文学の役割ですし、テーマでもある。すぐれた作家たちが、まさにいま、そういう作品を書いています。きょうは村上作品を中心に取り上げましたが、今後も時代を見つめる作品を織り交ぜながら議論を展開していきたいと思っています。

＊1　西部邁──一九三九（昭和十四）年～二〇一八（平成三十）年。思想家、評論家。北海道生まれ。東京大学大学院経済学研究科修士課程修了。東京大学教授を一九八八年に辞任し、以後政治・経済・文化など幅広い領域で評論活動を展開した。一九九四年より個人雑誌「発言者」を二〇〇五年まで月刊で発行し、二〇〇五年よりその後継誌「表現者」顧問となる。戦後日本の在り方を保守思想の立場から批判する多くの著作を残し、二〇一八年一月二十一日に多摩川にて入水《じゅすい》自殺。

＊2　カール・バルト──一八八六年～一九六八年。二十世紀を代表するプロテスタントの神学者。スイスの村の牧師時代に著した『ローマ書』は、第一次大戦を機に示された人間中心主義的な近代神学の限界を突破するために、使徒パウロの書簡（新約聖書「ローマの信徒への手紙」）を通して、新たなキリスト教神学を啓示した歴史的な書。一九一九年に初版、二二年に全面的に改訂された再版本が刊行されると、ヨーロッパの神学界に革命的な衝撃をもたらし、「弁証法神学」と呼ばれる神学運動の出発点となった。神と人間との切断を唱え、キリスト教のヒューマニズム、宗教化を徹底的に批判することで、逆説的に信仰の絶対性を回復させようとした『ローマ

書』は、ハイデッガーなどの現代哲学にも大きな影響を与えた。

＊3　内村鑑三―一八六一（文久元）年～一九三〇（昭和五）年。上州高崎藩士の長男として江戸に生まれる。東京外国語学校入学後、十六歳で札幌農学校第二期生に応募し北海道に渡る。メソジスト派の宣教師M・C・ハリスより受洗。農商務省に勤務。一八八四年、二十三歳で渡米。アマースト大学などで学び帰国後に第一高等中学校嘱託教員となるも、一八九一年一月、同校の教育勅語奉読式で天皇宸署《しんしょ》に「礼拝的な最敬礼」を行なわなかったと指弾され、校内外にクリスチャンの「不敬漢」として喧伝《けんでん》される。同校を辞職し以後在野にあってキリスト教の伝道者としての生涯を送る。英文にて『余はいかにしてキリスト信徒となりしか』『代表的日本人』などを刊行。一九〇〇年、「聖書之研究」を創刊。聖書研究と講演を使命とし、第一次大戦（キリスト教国の戦争）の時期よりキリスト再臨の信仰を全面的に表明。パウロの「ローマの信徒への手紙」の連続講演を『羅馬《ロマ》書の研究』として刊行。満州事変勃発の前年、一九三〇年三月、六十九歳にて没す。

＊4　再臨信仰―天に昇った復活のイエス・キリストが、その肉体をもって再び地上に再臨し、すべての死者の復活と世界の救済が最終的に成就するというキリスト教の信仰。新約聖書のパウロ書簡から「ヨハネ黙示録」までを貫く、キリスト教の最終真理であり、歴史の終末＝目標を定めた終末論である。一九一七年九月、内村鑑三は「聖書之研究」にてキリスト再臨の信仰を公表し、他の教会教派とも連動して全国に再臨運動を展開し、近代の〈危機〉の時代の超克を唱導した。

＊5　バベルの塔―旧約聖書の「創世記」十一章の物語に出てくる「塔」であり、世界中で同じ言葉を使い、天にまで届く塔のある町を建て有名になろうとする人々の野心に対して、神の怒りが下り、人々の言葉を混乱させ、互いの言葉が聞き分けられないようにしたという話。〈主は彼らをそこから全地に散らされたので、彼らはこの町の建設をやめた。こういうわけで、この町の名はバベルと呼ばれた。主がそこで全地の言葉を混乱（バラル）させ、また、主がそこから彼らを全地に散らされたからである〉（十一章八節～九節。新共同訳）

＊6 シュライエルマッハー（神の居場所）―フリードリヒ・エルンスト・ダニエル・シュライエルマッハー（一七六八年〜一八三四年）はカルヴァン派の牧師を祖父と父に持ち、啓蒙思想（カント）の影響を受けたドイツの神学者、牧師。近代神学の父と呼ばれ、初期ドイツ・ロマン派の一人でもある。『宗教論』（一七九九年。原題は「宗教について　宗教を軽んずる教養人への講話」）で、宗教の根本には「宇宙の直観と感情」があり、これは哲学や道徳と並んで、人間精神に本質的かつ必然的なものであるとした。シュライエルマッハーは「宗教」すなわち「キリスト教」を、啓蒙主義の哲学とロマン主義と関連づけることで、近代世界のなかで護教論を展開したが、その神学的姿勢は神とイエス・キリストの人格神的な要素をあいまいにして、「神」を人間の心情や感情の内に位置づけることになった。それは「神」という人間にとっての「絶対他者」を、人間の心の中に置くという近代的、心理主義的、汎神論的な「神学」であり、カール・バルトなどが後に「近代」批判の対象とすることになる。著書に『神学通論』『信仰論』『ドイツ的大学論』など。

＊7 マルクス主義とキリスト教―マルクス主義は基本的には唯物論であり、無神論であるが、マルクスの思想の中心には、資本主義社会における人間の「疎外」状況、すなわち人間が自己としての本来の在るべき状態から外れてしまっていることを克服する可能性が求められていた。様々な従属状態からの人間の解放であり、人類を総合的に救済することである。ロシア革命のなかには、プロレタリア・メシアニズム、すなわち資本主義体制を労働者が打倒して、地上に、自由で解放された「神の王国」としての共産主義社会を建設しようという、人間の力によるメシア＝キリスト、救済者の召喚への倒錯的願望が秘められていたと言ってもよい。マルクス主義の本質にはキリスト教の〈終末論〉があり、歴史は弁証法的に目標＝終末としての時に向かっているとの思想がある。二十世紀初頭のスイスの宗教社会主義運動や、一九五六年のソ連軍のハンガリー侵攻の後にも、チェコスロヴァキア（現チェコ）の神学者J・L・フロマートカはマルクス主義者とキリスト者との対話の場を開こうとした（キリスト者平和会議）。戦前の日本においても、マルクス主義は単に社会変革の理論ではなく、倫理的・宗

教的な救済の思想の側面があった。一九二七年の芥川龍之介《あくたがわりゅうのすけ》の自殺の後に文芸評論家として一時期活躍し、その後キリスト者としてカール・バルトの神学の翻訳者・紹介者になった神学者・井上良雄《いのうえよしお》は、次のような証言を残している。〈ソヴィエト連邦は神の国のごときものであったし（プロレタリア・メシアイズムという言葉を聞いたこともある）、共産党の活動家たちは神の国の福音の使徒たち、少なくもその宣教者たちであった。しかも、その神の国は近いというのが、彼らの確信であった〉（井上良雄『戦後教会史と共に　1950―1989』新教出版社、一九九五年）

＊8　フォイエルバッハ『キリスト教の本質』―フォイエルバッハ（一八〇四年〜一八七二年）は、ドイツの哲学者。ヘーゲル哲学の影響を受けて、人間学という感性の直観の立場を確立した。神が人間をつくったのではなく、人間が自らの願望や感情を投影して神をつくったと唱え、神学とは転倒した人間学であると主張した。その主張は啓蒙主義の思想とヘーゲルの観念論から生み出されているが、宗教批判という点ではマルクスやカール・バルトへとつながっていく。また人間学が実存主義の思想へと流れていった点では、シュティルナーやニーチェの思想の先駆者とも言われている。

＊9　ニカイア・コンスタンティノポリス信条―三二五年にコンスタンティヌス大帝によって召集され、キリスト教の正統的信仰を表明するために定められたニカイア信条（原ニカイア信条）を受けて、三八一年のコンスタンティノポリス公会議で定められた信条。父なる神と子なるキリストの同一性が定められたのに加え、聖霊の神性を確認する章句が加えられた。信徒信条とともにキリスト教の教義の骨格を歴史的に成してきた。「信条」とは、キリスト教が各々の時代のなかでいかに信仰共同体（教会）を形成するかという基本原理である。信条が歴史をつくり、セクト的ではない普遍性を表わす。

＊10　三位一体（三一《さんいつ》）―聖書の神は、父なる神と子なるイエス・キリスト、そして聖霊という三つの存在によって、この地上と歴史の上に顕わされているというキリスト教の信仰の根本的な捉え方。聖書には三位一体（三

一）という言葉は直接には出てこないが、ナザレのイエスは父なる神の御子としてこの世につかわされ、その弟子たち（使徒）はイエスをキリスト（メシア）すなわちユダヤ人たちが待望する救世主であることを信じ、死から復活したイエスが昇天した後も、父なる神と子なるイエスの聖霊の力を受けることで、キリストの教会は信仰の共同体と歴史を形成し続けている。教理史や神学によって三位一体論にはさまざまな議論や展開があるが、キリスト教の正統信仰において、この信仰の基本はゆらぐことはない。

＊11 グノーシス（主義）―紀元二世紀から三世紀のヘレニズム世界において流行した思想運動。「グノーシス」という言葉はギリシャ語の「知識」「認識」の意味であるが、「霊知」とも訳せる。宗教的には霊肉の二元論に立ち、地上にある人間は物質界の悪のなかにいるのであるから、霊は正しい知識を得ることで物質界から離脱して、天上の神の世界をめざすべきであるという考え方。キリスト教の正統信仰は、創造神、旧約聖書、歴史的キリストを否定するグノーシス主義を異端として斥けた。

＊12 ヨゼフ・ルクル・フロマートカ―一八八九年〜一九六九年。モラヴィア出身のチェコのプロテスタント神学者。自身はチェコ人というよりもスラブ人であると言い、同時にチェコ人の魂を持つゆえにドイツ語圏神学（カール・バルトなど）にも距離を持つ東欧の「神学」を形成する。プラハのフス神学大学（現コメンスキー福音主義神学大学）の教授になるが、ナチスの勢力により生命の危険が迫り、アメリカへと亡命。プリンストン神学校客員教授となり、英語で神学書『破滅と復活』を出版。西欧の自由民主主義の限界を見据え、ロシア共産主義を裏返されたロシア正教と看破する。一九四七年、共産主義体制のチェコスロヴァキアに帰国、コメンスキー福音主義神学大学学長を務める。ソ連崩壊後のロシアでもフロマートカの再評価がおこなわれている。佐藤優の訳・解説で『J・L・フロマートカ自伝　なぜ私は生きているか』のほか、『神学入門　プロテスタント神学の転換点』『人間への途上にある福音　キリスト教信仰論』（いずれも新教出版社）などの邦訳がある。

＊13 ピューリタニズム―英国教会における宗教改革は、ローマとジュネーヴ（カルヴァンの改革派）の中道で

あり、改革派的な改革をさらに押し進め徹底しようとした。宗教運動であると同時に、政治や法や経済などの文化的要素とも深く連動し、アングロ・アメリカ的な近代文化の価値の形成をうながした。民主主義、人権理念、信教の自由、社会契約説、また資本主義の形成にも関わりを持つが、英米のプロテスタントの諸派に分かれていく根源的な信仰と言ってよい。ピューリタンは清教徒と訳されるが、人間の敬虔な宗教的可能性の文脈が強調される。

＊14　**非本来的絶望**（キェルケゴール）―キェルケゴール（一八一三年～一八五五年）はデンマークの哲学者で、宗教改革のルター派の厳格なキリスト教教育を受けた。そのキリスト教信仰は、近代主義的なヒューマニズム化したキリスト教界への烈《はげ》しい批判の刃となり、ヘーゲル的な近代形而上学《けいじじょうがく》を解体しようとする神学的な質的弁証法と呼ばれる新たなスタイルを生み出した。代表作『死に至る病』（一八四九年）では、人間にとって最も恐るべきものは「死」自体ではなく、自己が神によって定立されたものであることを忘れて絶望に陥ることだと指摘した。その「絶望」には諸形態があり、絶望して自己自身であろうと欲しない場合、絶望して自己自身であろうとする場合、自分が絶望していることを知らないでいる（非本来的）絶望などがある。

II　資本主義の暴走

「マモン」が支配する時代

富岡　前回は、現代社会における危機とは何か、その定義としてユルゲン・ハーバーマスの『後期資本主義における正統化の問題』からの言葉を紹介しました。その中にあった、身体の病気という比喩、つまり危機を人間の内面的な反応から捉える言葉で私が連想するのは、哲学者のフリードリッヒ・ニーチェが二十世紀を前にして語った一つの予言です。『権力への意志』の序言にはこうあります。

〈私の物語るのは、次の二世紀の歴史である。私は、来たるべきものを、もはや別様には来たりえないものを、すなわちニヒリズムの到来を書きしるす。（略）私たちの全ヨーロッパ文化は長いことすでに、十年また十年と加わりゆく緊張の拷問でもって、一つの破局をめざすがごとく、動いている、不安に、荒々しく、あわてふためいて。あたかもそれは、終末を意欲し、もはやおのれをかえりみず、おのれをかえりみることを怖れている奔流に似ている〉

〈いったいなぜニヒリズムの到来はいまこそ必然的であるのか？　それは、私たちのこれまでの諸価値自身がニヒリズムのうちでその最後的帰結に達するからであり、ニヒリズムこそ私たちの大いなる諸価値や諸理想の徹底的に考えぬかれた論理であるからである〉

（フリードリッヒ・ニーチェ『権力への意志』）

このように、これからの二百年の世界を覆い尽くすのは、現代における最も不気味な訪問者である、虚無主義の到来という現実だと予告しています。

それから百年以上を経て、二十一世紀の現世界を見渡すと、ニヒリズムがさまざまな危機の現象として顕在化しています。具体的に言えば、テクノロジズムといった技術の支配、経済のグローバリズム——カジノ化した資本主義による格差社会現象、そして宗教の名をかりた抗争や戦争やテロリズム、さらには環境破壊——自然災害のみならず、「環境」を理由に「空気」までも国家や資本のマネー取引にする——など、至るところにニヒリズムがあらわれている。人間の生と存在そのものにつきまとう一つの病理として深まっています。

佐藤　ニヒリズムを少し整理すると、ロシアの伝統的なニヒリズム、ニーチェたちドイツのニヒリズム、さらにニーチェの系譜を引き世界的に広がったニヒリズムには差異がありま す。

ニーチェの系譜は、世の中にタブーはない、人間はみずから作り出した神という幻想に縛られているにすぎず、本当は何事も許されているという考え方です。ドイツのヘーゲル左派の哲学者マックス・シュティルナーもそうですが、自分以外には何者もない、正しいと思ったことはやればいいと、無神論者として個人を神の上に置きます。

一方、ロシアの伝統的なニヒリズムは虚無主義というよりは革命思想です。既成の価値観を否定し、自分たちの理想的な社会を作ろうとする。この視座から、ニーチェのニヒリズムをどう見るかが大事になります。

まず、十七世紀から十八世紀にかけて啓蒙主義というものが出てきた。人間の理性の能力を磨いていけば、世の中がよりよくわかるようになるという考え方です。しかし、十九世紀ヨーロッパの人々は、啓蒙の限界に気づいたんですね。光に対する影を、理性に対する感情や情念といった要素を重視し、ロマン主義[*1]に転換していった。だけど、ロマンは実現しないからロマンなんです。そして、壁に突き当たったロマン主義者がニヒリストになる。啓蒙主義からいきなりニヒリズムに行くのではなく、啓蒙主義に対するロマン主義的な反動を経由してニヒリズムがある。われわれは今そこの了解で議論している。

対して、アメリカにはロマン主義はありません。では、アメリカ的なニヒリズムとは何か、ニヒリズムはあるのかが問題になります。

富岡　二十世紀後半からの金融グローバリズムは、アメリカ型のキャピタリズムとして猖《しょう》獗《けつ》を極めています。新約聖書に「マモン」という言葉が出てきます。これは「悪霊的な力」という意味を語源にしているとも言われますが、「富」と訳されることが多い。富の魔力が人格化された表象です。強欲の化身と言ってもいい。「マタイによる福音書」六章二十四節には、「だれも、二人の主人に仕えることはできない。一方を憎んで他方を愛するか、一方に親しんで他方を軽んじるか、どちらかである。あなたがたは、神と富とに仕えることはできない」とある。

トマス・ホッブズの『リヴァイアサン』では、社会契約によって形成された国家のことを、旧約聖書の「ヨブ記」に出てくる海の怪物「レヴィアタン」になぞらえ、国家の支配力として語っています。マモンは、このレヴィアタン、つまり国家の支配力の最も近い親戚として生まれました。それが今、資本のグローバリズムの拡大によって、人間が作り出したはずのマモンが逆に、人間も国家も支配するようになってしまった。

マモンがレヴィアタンとしての国家を超えて移動し、一九九七年のアジア通貨危機のように一国の経済を容易に崩落させてしまう現代の悪霊としてある。国家とマモン、貨幣の闘いは、国家の復権、国家機能の強化、国益第一主義——例えばブレグジットとか、トランプ現象とか、さまざまな形で出てきます。

佐藤　その多くはアメリカが中心となってかき回していますね。マモンは、富や財産を意味する古代アラム語です。現代の資本主義社会は、商品経済が全体を覆っている。買い物をせずに生活することはできません。どうしても、マモンにとらわれる危険性があります。

アメリカの正体とは何か

富岡　佐藤さんのご著書『ファシズムの正体』は、国家が社会に介入することによって国民を統合し、新自由主義的な資本主義が生み出す問題を克服していこうとする現在、そこに新たなファシズムの到来の危機を予告されています。

「ファシズム」はもともと「束ねる」という言葉に語源を持ちます。これまでの国家主義、ナチズムとは違う形でのファシズムの到来——特にイタリア・ファシズムの問題と絡め、グローバル資本主義の暴走、その限界がもたらす危機を捉えている。そこを、きょうは議論していきたいと思います。

佐藤　賛成です。トランプが大統領になったのは、グローバル化に伴う国家機能の強化の表れです。「アメリカ第一主義」に国民の期待感が高まった。また、中東問題、北朝鮮問題についても、内政的な基盤を強化するために、外交的危機を煽《あお》るのはファシズムの常套《じょうとう》手段です。

富岡　先ほどおっしゃったように、アメリカにはロマン主義がないうえに、ニヒリズム論の深まりもほとんどない。他方、ロシアの場合、小説家では、ツルゲーネフが『父と子』をはじめとしたニヒリスト像を描き、やがてドストエフスキーが『罪と罰』そして『悪霊』『カラマーゾフの兄弟』に行き着き、それがロシア革命の社会主義思想に転化していきます。

佐藤　シュティルナーのほかにもロシアには、ドミトリー・ピーサレフという思想家もいました。ピーサレフはエゴイズムを重視します。世のため、他人のためといった形の利他主義を認めない。ロシアのニヒリストは実証科学を信頼する進歩主義者で、過去の秩序は認めないけれど、人間理性の力によって理想的な社会を建設することができると信じているため、積極的な政治意思を持っているんですね。例えば、社会革命党戦闘団の第二の指導者であったサヴィンコフ（ロープシン）が発表した『蒼《あお》ざめた馬』という作品もある。テロリズムの原動力が政治性を帯びてしまう。真理や伝統的道徳観を基礎づける超越的な存在や権威を否定していこうとするニーチェを代表とする思想とは違うんですね。アメリカにもニヒリズムはあると思うけれども、その存在論的な了解がわれわれのものとは違います。

富岡　そうですね。金融グローバリズムを生み出したアメリカの正体とは何か、それが重要になってくる。ピューリタニズムの果てと言っていいのか、それとは違うアメリカニズムがあるのか。

佐藤　その問題に初めて気づかせてくれたのはチェコのプロテスタント神学者ヨゼフ・ルクル・フロマートカです。彼の自伝『なぜ私は生きているか』には、第二次大戦後にプリンストン神学校で教鞭《きょうべん》を執っていたころのアメリカ滞在を総括している箇所があります。

〈アメリカ滞在によって私は神学的地平を拡大し、ヨーロッパで慣れ親しんできた神学的解釈をよりよく試みることができたと思う。おのおのの聖書、神学、教理の概念をアメリカ人学生に理解させる方法を私は考え出さねばならなかった。戦前、チェコスロヴァキアにおける私の生活の一部分であった聖書の使信、宗教改革、キルケゴール、ドストエフスキー、バルト、ラガツから発生した神学的問題は、平均的アメリカ人学生にとって全く無縁なものであった。私にはアメリカ人学生の思考様式、精神的、教会的伝統に適応する必要が生じた。／実践的な世界観を持ち不確実な思考を嫌うアメリカのキリスト教徒に、われわれが人間生活の未だ知られていない領域に移動し、通常の知的、道徳的、政治的カテゴリーを超克するものと出会うときにのみ福音を本質的に理解することができるのだということを納得させることは困難であった。あるアメリカ人神学者は、聖書や教理のおのおのについて、それが実践的に自分にとって何を意味するかということを問うていた〉（ヨゼフ・ルクル・フロマートカ『J・L・フロマートカ自伝　なぜ私は生きているか』）

中央ヨーロッパの人々が通常の教養としているものが、アメリカではまったく異質なものである。それが具体的な現実でどのように役に立つのかという質問があり、つねにそこに還元しなければならない。また、こうも記しています。

〈アメリカは啓蒙主義の時代にピューリタンの影響下で誕生した。正統主義的プロテスタントのキリスト論でさえ、聖書的、予言《ママ》者的、使徒的使信を除外した理性と道徳によって基礎づけられている。同時にアメリカの教会生活は、教会組織の問題に関心を示した開拓者の実用主義的精神の痕跡を残している。人間の内面、感情の混乱、不安定な精神の変動の本質を貫こうとするヨーロッパ的意味でのロマン主義は、平均的アメリカ人にとって全く疎遠なものであった〉（前掲書）

アメリカ人にはロマン主義が皮膚感覚として理解できないことに気がついた。ロマン主義的情熱が持つ危険性が共有されていないんです。ここにアメリカが現在抱える最大の問題があると、フロマートカは一九六九年の時点で指摘しています。

富岡　預言的ですね。ドイツの社会学者マックス・ヴェーバーもある意味で預言者的です。

『プロテスタンティズムの倫理と資本主義の精神』で言っているのは、近代西欧の資本主義は自分で金儲《かねもう》けをして勝手に消費するのではなく、自分の欲望には禁欲的な職業、つまり天職を通じて富を獲得し神の恩恵を受ける。禁欲、節約をよしとする宗教的精神によって行われる労働から、資本が社会に蓄積され、資本主義社会が形成されるという論理です。しかし、最後のほうではこう言う。

〈禁欲をはからずも後継した啓蒙主義の薔薇《ばら》色の雰囲気でさえ、今日ではまったく失せ果てたらしく、「天職義務」の思想はかつての宗教的信仰の亡霊として、われわれの生活の中を徘徊している〉（マックス・ヴェーバー『プロテスタンティズムの倫理と資本主義の精神』）

これは明らかにアメリカ的な資本主義を意識していると思います。ヴェーバーは、資本主義が拝金主義《マモニズム》と化した果てに現れるものを、「末人」と呼びました。末人とは何かというと、「『精神のない専門人、心情のない享楽人。この無《ニヒツ》のものは、人間性のかつて達したことのない段階にまですでに登りつめた、と自惚れるだろう』と」。letzte Menschen ですから「末人」です。

佐藤　ニーチェの概念ですね。ニーチェは『ツァラトゥストラはこう言った』で末人を「安楽がよい、冒険しない、憧れを持たない」人間とし、超人に対し、最低の軽蔑すべき者としました。

富岡　アメリカ的な資本主義が二十世紀において体現したのは、「末人」による貪欲な市場原理主義です。ヴェーバーはまた、神への信仰がうすれていく近代社会の現実を見据え、経済活動がとてつもない混沌《こんとん》と悲惨をもたらすとも予測しています。それが「精神のない専門人、心情のない享楽人」が神格化していくことにつながっている。これらの人々がマモンを握るとウォール街となり、文明の虚構を演出する。アメリカの金融資本主義の絵柄としては、見やすいところだと思います。

佐藤　そのとおりです。ドイツ語の場合、職業という意味を持つBerufに対して、アルバイトのような生活のためだけの仕事のことはJobといいます。BerufとJobを分けているのは何かというと、Berufには神から与えられた「召命」という意味もあるんですね。Berufをすることによって、他者に対して何かしらの奉仕をしている、あるいは、自分は他者から生かされているという意味合いが強い。そこがJobとの違いです。でも、アメリカの場合は、そこの了解が違う。アメリカでは、金持ちはストレートに尊敬されます。金持ちを尊敬する体質は、ヨーロッパやロシアにはありません。

富岡　スコット・フィッツジェラルドの『グレート・ギャツビー』ではないけれど、誰もが金、地位、名声を得るチャンスとしてアメリカンドリームが存在していた。
佐藤　日本にもその影響が見られます。情けないのは、最近の東京大学出身の学生が、官僚を目指すのではなく起業を行うことです。起業しても成功するのはごく一部であることがわかっていない。あるいは、投資銀行に行く学生も多い。それは、マモンが浸透してきているということです。ロシアには「魚は頭から腐る」ということわざがあります。腐敗は上層部から始まるという意味ですが、エリート層として期待されている若い世代がマモンの追求に走ることになると社会は崩壊します。
富岡　日本の政治においても、社会においても、現にその崩壊現象が起きていますね。
佐藤　マモンは貨幣であると同時にまさに権力です。資本主義社会において、貨幣と権力は強い代替関係にある。カネは権力になるし、権力はカネになりますから。

人を殺す思想

富岡　現代は、権力というものが内在化した暴力に変形し、管理システムをも含めた、直接目には見えないけれども強い形で浸透する暴力があらわれている感じがします。
佐藤　見えない形での暴力について考えることは重要です。例えば、前回の対談を行った日は、オウム真理教の麻原彰晃元代表をはじめ七人の死刑囚の死刑が執行されました。その二十日後に残りの六人の死刑囚の死刑が執行された。これをめぐる論議の中で、朝日新聞から産経新聞までほぼすべての当局者が、平成の問題は平成において処理しないといけない、そのシステムが働いたのだと論じています。これはナンセンスです。

連合赤軍事件の場合、昭和の時代のうちに処理しろという言説は誰も唱えなかった。なのに、オウム真理教事件に関しては口を揃《そろ》える。なぜか。平成のうちに平成の問題をという言説には、麻原彰晃元代表が天皇になろうとしたということが関係していると思う。明らかにケガレの思想が入っている。来年（二〇一九年）には元号が変わるので、御代《みよ》がかわる前にケガレたものを整理してしまえ。それが集合的意識もしくは無意識にまで支配を及ぼしているから、その言説に問題があることに気づかない。なおかつ、麻原彰晃の遺灰を太平洋に流すという話がまことしやかに囁《ささや》かれる。明らかに、神の国から汚いものをすべて遠ざけるという、ケガレと祓《はら》いの思想が働いています。

富岡　なるほど。日本的な文化、宗教風土が暴力的に作用しているというご指摘は、そのとおりだと思います。佐藤さんは『国家論　日本社会をどう強化するか』の「まえがき」で、国家の暴力性の危険について書かれています。

〈二一世紀の日本に生きるわれわれは、国家から逃れることはできません。しかし、国家は、その本質において暴力的なので、とても気をつけて付き合っていかなくてはいけない〉

〈要するに、思想というのは究極的には生き死にの問題になる。人を殺す思想こそが、ある意味で本物の思想なのです〉

〈ただ、「人を殺す思想」といっても、「お前、あいつを取ってこいや」と言われて討ちに行くような鉄砲玉の思想とは違います。まず、自分が掲げる大義の前に、命を差し出すという気構えができる。人間だって生き物であるからには、自らの命が一番大切なはずです。ところが、それにもかかわらず、自分の命よりも大切ななんらかの価値観というものが出てきて、それを基準にして動く。そうすると、人の命を奪うことにまったく抵抗がなくなるわけです〉(佐藤優『国家論　日本社会をどう強化するか』)

まさに思想の持つ過激さに目を瞑《つぶ》ってはいけないはずです。昭和において連合赤軍事件は、その思想を現した一つの時代の象徴でした。左翼的な思想が行くところまで行き着き、「銃による殲滅戦」という、銃が目的で戦士はその道具となり、殺人を肯定する飛躍に至る。暴力による排除へと向かった。

佐藤　思想は人を殺します。当時、左翼思想が煮詰まると、内ゲバの世界に入り込みました。これではマズいというところから、思想がビジネスとしてまわる方向に行き、ポストモダンのようなものが出たのだと思う。

富岡　昭和後半から平成にかけて、人を殺す思想を徹底的にタブーとし、排除したんですね。今の話で言えば、ケガレとして祓っていった。目に見えないものとしてしまった。

佐藤　そう思います。ケガレや祓いが見えなくなるところまで、われわれの同質化が進んでいる証《あかし》です。反対に、人を殺す思想とは何かと言うと、今は圧倒的にマモンです。人殺しの原因の多くが、何らかの形でカネに絡んでいる。財産分与とか、借金とか、あるいはカネをとる側としてある。マモンの支配が強くなっている。

もう少し国際的な視野で言うと、ネーションのために、民族のために、あるいは民族と一体化した国家のために命を捨てる、他者を殺すことが可能であるということになる。マモンと国家、貨幣と国家というテーマに通底して、そこに明らかに今まで宗教が守っていたものが移行しているのか、あるいは、それが縮奪されているのかはわからないけれど、現象としてはマモンに力が移っています。

富岡　おっしゃるようにマモンと国家は親戚関係であるし、近親憎悪関係でもある。ここに今われわれの危機の状況がせり出してきているのに対し、自覚的にどう考えるのかが重要な課題になってきます。
佐藤　まだ思いつきの段階でうまく言語化できませんが、文学あるいは評論がマモンや貨幣や国家に対決する方向で論じていくとなると、たぶん負けると思うんです。
富岡　何に対してでしょうか。
佐藤　とりわけマモンに対してです。加えて国家権力に対しては、現実の国家間関係が緊張しているところにおいて、国家を否定する形で文学者が何かを提示したとしても、ほとんど有効性を持たないと思う。となると、ファシズム論になってしまいますが、マモンと国家を包み込む必要が出てくると思うんです。包み切れるかどうかはわからないけれども、ある程度包摂することを考えないと、マモンと国家を相手に闘えない。
富岡　包み込むというのは？
佐藤　平たく言うと、マモンに対しては文芸作品でもノンフィクションでも売れるものを書かないといけないということです。市場に流通しないといけない。市場に流通する言語を考えないといけない。国家に関しては、政治家なり官僚なりがその作品を読み、考え、何か行動しなければならないと思うテキストをつづらないといけない。孤高の立場、高踏批評の形で遠いところから言っても、それはスルーされて終わってしまうと思うんです。
　そうすると、われわれの共通のテーマでもある「ヨハネによる福音書」一章十四節「言《ことば》は肉となって、わたしたちの間に宿られた」ではないけれど、みずからの思考、思想や理想をどうインカーネーション（受肉）させるか。理念は理念の中でとどまっていては何の意味もない。現実に入らないといけない。しかし、「長いものには巻かれろ」や「商人と屏風《びょうぶ》は曲げねばたたぬ」といった無原則な形での迎合との境界線はどこにあるのか。そもそもそういう境界線なんかないのではないかという難しい問題になってくる。

富岡さんが「表現者」を通じてやってこられた仕事は、第三者的に見ると、その要素が強いですよね。もちろん、立ち上げた西部邁さんにあった一つの思考だと思うんです。西部さんは、加入戦術を考えた場合、自分たちで党を立ち上げていくことではやり切れないことがわかっていた。また、社会党や共産党に加入するのでは意味がない。そういう方法ではなく国家中枢部と、商業媒体自体に入り込むことに挑戦したんだと思います。

富岡　そうですね。西部さんは東大を辞職して以降、個人雑誌であり、かつ何とか商業的に意味を持つオピニオン誌「発言者」、「表現者」を約二十五年やりました。そこでの共通テーマは、戦後の大衆社会状況とそれに便乗する知識人批判であり、その根本には戦後の日本人がアメリカニズムという「近代」物質主義を謳歌してきたことへの慨嘆がありました。雑誌は徹底して総合的な議論をしたいとの思いからつくった場でもありました。執筆者たちと議論して感情を共有する。認識と実践を通しての同盟であり、まさに「束ねる」意味でのファシストたらんとした。『ファシスタたらんとした者』を読むとよくわかりますね。

佐藤　東京大学は官僚を養成することに基本的な目的はありますが、もっと多元的であってもいい、本当の荒野に出ないといけないと西部さんは感じたんでしょう。彼の行動は知識人の中では嫌がられるかもしれないけれど、マモンと国家、マモンとレヴィアタンの両方と付き合う、包摂する試みだったと思います。

マルクスの限界と宇野経済学

富岡　広く後期資本主義でもいいし、今のカジノ的なキャピタリズムでもいいのですが、それを内在的にどう批判していくのか。経済学の論理から今の資本主義を批判するのでは物足りない。経済学だけの範疇《はんちゅう》ではおさまらない問題です。それを広い視野にわたってやってのけたのがマルクスです。

佐藤　マルクスは政治経済学者で、狭義の経済学者ではありません。マルクス経済学と近代経済学の違いは何か。世間で言われているのとは反対に、近代経済学のほうがイデオロギー性を強く帯びています。貨幣や商品といった資本を自明のものとしているがゆえに、定義もしません。貨幣の成り立ちや、商品の問題、資本主義体制といったものを考えていない。近代経済学では人間はすべて経済的な価値観――需要と供給の関係や自然科学の法則といった観点、合理性で動いている。もちろん、文化習慣、行動で動くという行動経済学もありますが、これは経済行動を人間の心理に還元している。

　それに対してマルクス経済学は、究極的には歴史学です。資本主義という特殊な時代において、その内在的な論理をつかんでいこうとする。『資本論』は労働力の商品化による商品交換を自由平等な形で行っていくと、実態としては、労働者、資本家、地主という三つの階級から成り立つシステムになることを明らかにした。ただし、そこでは国家が捨象されています。その作業をやらないうちにマルクスの持ち時間がなくなってしまった。

富岡　資本主義の内在的論理の解明としての資本論ですね。

佐藤　そうです。そのマルクスの限界を超えたものに、宇野経済学があります。宇野弘蔵はマルクスを批判的に継承した人で、未来の社会がどうなるのか、人間の本来的なあり方はどんなものかに強い関心のある人でした。それであるがゆえに経済学からイデオロギーを排し、社会科学として再構築するために、理論と実践を分離しましたが、私はそれでもまだ足りないと思っている。そこを指摘したのが哲学者でありキリスト教神学者の滝沢克己《かつみ》[*2]です。

富岡　『資本論』は貨幣と資本、階級というものを内在的に論じています。資本主義の最大の悪は、労働力が商品化されることです。それが人間を資本家階級と労働者階級に分断する。貨幣自体が物神となっているフェティシズムとも言えます。一方で、その理論は経済の分析に留まらず、革命の理論、実践としての側面もあった。プロレタリアートを解放するというユートピア的展望がロシア革命まで行くわけです。しかし、宇野弘蔵は科学とイデオロギー、理論と実践を切り分け、前者を重要視したということですね。

佐藤　そうです。ただし、宇野弘蔵は革命を本気で待望していた。宇野にはアナーキズムの影があります。人と人との関係だけで理想的な社会をつくることができるのではないかとずっと考えていた。彼が考える共産主義社会は、国家を不要としていたんです。

けれども、国家を廃止することを目的とする革命運動に加わるとなると、国家は牙を剝《む》いてくるだろう。拷問にもあうだろうし、殺されもするだろうから、命がけでやらなければいけない。政治的な実践とは、組織化されて革命運動をやることです。だけど、宇野には、戦前、人民戦線事件で治安維持法違反容疑で逮捕された経験があり、国家の暴力性を理解している。だから、自分には実践できないと思った。

その意味において、理論と実践の切り離しの背後には、革命への強烈なパッションがあるんです。それが抑制的な姿勢になっている。そのパッションを六〇年ブントの人たちやその後の全共闘の人たちも感じたんでしょう。

富岡　宇野弘蔵の理論から逆説的に全共闘が出てきたと言えるんですね。

佐藤　そうです。だから新左翼が引き寄せられた。ところが、宇野の弟子たちで制度化されたアカデミズムに入った人たちは、そのパッションを感じられなかったんですね。宇野のような経済哲学を持ち合わせていなかった。そして、スコラ学みたいになり、宇野経済学の三代目、四代目がいなくなった。パッションがないとミームが継承されないんですね。

滝沢克己を再評価する

富岡　その意味で、パッションを持ち、かつ思想的、理論的にマルクスを追求したのが、先ほど名前が挙がった滝沢克己です。滝沢は一九〇九年（明治四十二年）の生まれで、一高から帝国大学の法学部に入り、退学して九州帝国大学の哲学科に行く。滝沢は西田幾多郎の哲学に強烈な影響を受けています。

佐藤　一九三三年の夏、ドイツに留学が決まっていた滝沢は西田を訪ね、誰について勉強すれば良いかを相談します。富岡さんは『使徒的人間　カール・バルト』で『滝沢克己著作年譜』の「何を、いかに、私はカール・バルトのもとで学んだか」から西田の言葉を引いています。

〈いまのドイツにはとくに勧めたいような哲学者はいない。ハイデガーは近頃日本でも有名だし、よくパスカルやキェルケゴールを引き、好んで死や不安について語る。が、いまのところ、かれには決定的な何かが、つまり、神が欠けている。しかし、ドイツには最近、哲学者よりもはるかに面白い神学者たちがいる。なかでも、カール・バルトという人はしっかりしている。できればかれのところへ行くのがいいが、残念なことに、かれはもう追放されて、ドイツにはいないらしい〉（坂口博編『滝沢克己著作年譜』）

富岡　西田はドイツどころかヨーロッパに行ったことがないのに、カール・バルトの情報を得ていました。慧眼《けいがん》ですね。ただ、一九三三年にはヒトラーが政権をとっている。スイス人であるバルトは三五年にドイツを追われるまで、ナチス・ドイツとそれに賛同するキリスト者の運動に対して、烈しい神学的闘争を繰り広げます。反ナチ闘争によってボン大学を追放されているのではないかという危惧がある中、滝沢はドイツへ行き、カール・バルトに師事するわけです。直接にバルトの講義を受けて、インスパイアされる。そういう意味で滝沢の思想は、西田哲学、バルトのキリスト教神学、宇野経済学の影響下でマルクスを思考します。この三点を持ちながら、戦後、九州大学教授として著作に励まれ、一九八四年に亡くなります。

また、忘れてはならないのは、滝沢克己が大変優れた文芸評論家だったというもう一つの顔です。

佐藤　漱石やドストエフスキーについて書いていますね。

富岡　はい。『夏目漱石』『漱石の「こころ」と福音書』『ドストエフスキーと現代』など、日本の近代文学やロシア文学についての優れた著書もあります。前回、文芸批評の問題が出ましたが、改めて考えてみると、例えば小林秀雄、江藤淳が文芸批評のメインストリームにあったのに対し、滝沢克己は相手にされなかった。いまこそ、彼が文芸批評家としてやった仕事を再評価することが大切ではないかと思います。神学とマルクス主義という組み合わせの中で、人類史の謎を徹底的に思索した人はあまりいない。実際、彼の著書『バルトとマルクス　新しき世界』の「はしがき」にはこうあります。

〈西田幾多郎、カール・バルト、そして宇野弘蔵、――人生・社会の実際にかんして、もしもめぐりあわなかったらとても分からなかったろうと思われる大切な事を教えて頂いた三人の先生は次々に世を去られて、いまはもう親しくお目にかかってお話を伺うすべもない。弟子たちはそれぞれ《Schule》（「学派」）と呼ばれる群れを成してはいるが、わたくしはそのどこからも、正統の弟子とは認められない。のみならず、昭和十一年（一九三六年）

の『西田哲学の根本問題』以来、わたくしの書いたものは、ごく僅かの例外を除いて、かつてまともな批評の対象として取りあげられたことがない。わたくしの提起した問題は、「学界」からも「宗教界」からも、ほとんど一顧も与えられないままである〉（滝沢克己『バルトとマルクス　新しき世界』）

佐藤　滝沢はキリスト教神学の世界においては、評判があまりよくない。なぜなら、神学界には、神学部出身以外の人たちを排除しようとする嫌な空気があるんですね。例えば、『使徒的人間』についても神学系の人たちは基本スルーしていますよね。

富岡　そのようですね（笑）。

佐藤　本来はドイツ語や英語に翻訳すれば、ドイツにおいても、アメリカやイギリスにおいても、そのまま通用する議論になるはずなんです。ただ、日本では専門ではない分野からの議論をなぜか避けてしまう。おそらく、議論して負けてしまったらマズいという恐怖心があるからだと思う。滝沢克己の著作の場合、刊行はほとんどが三一書房か法蔵館からです。仏教系か新左翼系の出版社からばかりで、キリスト教系の出版社からの著作は少ない。

富岡　また、文芸批評の分野からも忘れられている存在でもあります。

佐藤　文芸批評も、基本的に宗教が絡むと嫌がる傾向にあります。いわゆるキリスト教文芸批評家は、「キリスト教」がつくことによって、いかがわしさがつきまとうんですね。

富岡　「キリスト教文学」というくくり方もあり、そこから脱却したのが遠藤周作です。遠藤さんはカトリックですから一種の普遍主義を持ってくる。

佐藤　しかも、神父の井上洋治さんが、盟友である遠藤周作の文学的な活動を、決して異端ではないと理論化し神学的に支援しました。

富岡　しかし、神学的な歴史と思考から言うと、遠藤さんも井上神父もかなり特殊なスタイルをとっていますね。西洋には西洋の、東洋には東洋のそれぞれの文化に根ざしたキリスト教のとらえ方があるとして、日本においてもその必要性を問題にしていた。

佐藤　カトリック的な普遍主義とシンクレティズムが結びついている。

富岡　日本的な、多神教的で汎神論的な風土にマッチすることが、日本におけるキリスト教文学の受容の正統性を担保するという逆説的な現象です。宗教多元主義と言えるようなものが、一つの時代的流れとしては出てきているように思いますが、大筋においては議論をあいまい化していく、残念ながらそういう要素があるのではないかと思います。

「主なき諸権力」の暴走

富岡　バルトの主著『教会教義学』は「神の言葉」「神論」「創造論」「和解論」から成りますが、未完に終わっています。第二次大戦前から執筆をはじめ、ナチスとの闘争時代、戦後という世界を視野に入れながら体系化していきますが、一貫しているのは、イエス・キリストへの集中です。その場合、「イエス・キリストの出来事に排他的に集中すること」によって、世界をどう見ていくかという視座が開けていきます。集中することで視野が広がっていく。その構造が重要です。

佐藤　ある意味、バルトは偏っています。けれど、自分の偏りがわかるように文章をつづるので、読者はその偏差を見ながら読むことができるという独自の書き方をしている。その意味では多声的なのかもしれない。バルトの中にはポリフォニー（多声性）がありますね。

富岡　ええ、いろいろな神学的可能性がバルト神学から導き出せます。『教会教義学』では、キリストを通じての啓示が教会を超えて起こる可能性に言及し、イエス・キリストの三位一体論から聖霊論まで、さまざまな形の神学が導き出されています。また、倫理学を神学の外におくことなく、「自由」の本質へと接近していきます。

佐藤　そのとおりです。きょう指摘された倫理の問題で、「主なき諸権力」の形態――レヴィアタン、マモン、イデオロギー、倒錯した現代技術や生活様式――論としても、バルトはすぐれている。

富岡　「主なき」――主というのは神ですね――とは、人間自身によっては制御することができなくなった、という意味です。もともと人間が持つ諸権力が、反対に人間を支配すること、今日のキーワードで言えば、暴走と言ってもいい。

佐藤　今ここで話題になっているプロテスタント神学のディシプリンを簡単に説明します。神学は全部で四つの分野に分かれます。

一番目は聖書神学。旧約聖書神学、新約聖書神学に分かれます。
二番目が歴史神学。教会史、教理史に分かれます。
三番目が組織神学。教義学、倫理学、宗教哲学に分かれます。
四番目が実践神学。説教学、牧会学、教会音楽に分かれます。
こういうディシプリンになっているのです。

バルトの神学は組織神学になります。組織神学はドイツ語では、Systematische Theologieなので、「組織」と訳されていますが、意味からすると「体系」のほうがいいと思います。

富岡　組織神学は、聖書神学や歴史神学などの成果をキリスト教の立場から総合的にまとめていく神学ですね。「教義」はドグマ（教義：ドイツ語の単数形の Dogma）と言い、変えることのできない正しい考えですが、カトリックとプロテスタントで理解が違います。

佐藤　プロテスタント神学ではドグマはあり得ません。人間が神の教えを正確に理解することができるという発想が、傲慢で自己神格化につながると考えるからです。だから、われわれ人間が神学的に語ることができるのは、複数形のドグメン（Dogmen、諸教理）の一つであり、その意味で、構築できるのはドクトリン（教説）にすぎない。カトリックの場合は、教皇が正しいと定めた揺るぎない真理がドグマになるけれど、プロテスタントにはそういう最終決定機関がないんです。

富岡　プロテスタントでは、それぞれの教会や神学者が、信仰的に正しいと考える教説を体系的に書いていくことになるんですね。

佐藤　そのとおりです。その中で、バルトの特徴は、ドグマについて書くことイコール倫理について書くことだという姿勢を主著『教会教義学』で貫いたことです。教義即倫理という考え方で、倫理即教義でもある。カトリック教会が「信仰と行為」を原理としているのに対して、プロテスタントは「信仰のみ」によって義とされます。本来、キリスト教には「信仰と行為」という二分法はありません。信仰は行為に現れるという考え方をするので、「信仰のみ」なんです。つまり、「教義のみ」でもある。したがって、教義学は倫理学と同じです。

　きょうわれわれが扱っているテーマは、バルトの『教会教義学』の「和解論」です。『使徒的人間』で富岡さんは「和解論」の主題を、「『神われらと共に』（インマヌエル）[*3]という聖書の言葉が語るところのもの——すなわち、絶対他者としての神が、人間と共に、すべての被造物と共にあるという、その出会いと共同の歴史そのものである」としています。

　この「和解論」の講義をしている途中で彼は亡くなりますが、草稿が残っていた。その倫理の箇所をエーバハルト・ユンゲルが再整理して、『教会教義学』の本体には入っていないけれども、「キリスト教的生」として全集『カール・バルト著作集・説教選集』の中に入っています。日本では、ちゃんとこういった細かいものも訳されているわけです。

富岡　今、整理していただいたバルトが倫理について講じた「キリスト教的生」には、現代における「主なき諸権力」について語っている重要な箇所があります。人が作り出したもろもろの力が、人々を拘束し従属させ、人間をコントロールしてしまう事態、つまり貨幣の問題についておもしろいことを言っています。


〈（貨幣という）道具は、或る時は景気を上昇させ、或る時は同じ景気を下降させる。或る時は恐慌を食い止め、或る時はこれを惹《ひ》き起こす。或る時は平和に奉仕し、だがしかし平和のただ中ですでに冷たい戦争を遂行し、流血戦争を準備し、遂には惹き起こす。この道具は、ここではあらゆる種類の一時的な楽園《パラダイス》を創り出し、かしこではそれらの楽園にただあまりにも対応した一時的な地獄を創り出す。この道具が以上のすべてをなしうる、ということは決して必然ではないであろう。だがしかし、この道具は以上のすべてをなしうるのであり、また実際なしてもいるのだ。〔この道具は〕たしかに貨幣それ自体のことではないが、しかし、人間が自ら所有していると思い込んでいるあの貨幣――真相は、その貨幣が人間を所有しているにもかかわらず――のことである。しかも、貨幣が人間を所有しているというのは、人間が貨幣を神なしに所有することを欲し、そのことによってあの真空を創り出しているからなのである。すなわち、その真空において貨幣は――それ自体は一つの無害な、否、まさに有用な虚構なのだが――絶対的な仕方で（absolutistisch）悪霊とならざるをえないのであり、人間自身はこの悪霊の奴隷・弄《もてあそ》ばれる球《ボール》とならざるをえないのである〉（カール・バルト『キリスト教的生』Ⅱ）

貨幣は人間がつくり出したものだけれども、いわば神、主なきもろもろの権力――貨幣だけでなく、国家も入ってくるけれども――を、みずから所有していると思い込んでいる人間が、逆に貨幣に所有されているという状態が出てきている。現在のグローバル資本主義、カジノキャピタリズムの状況の本質はどこにあるのかを考えたときに、主なき、神なき諸権力が跋扈している状況だ。だから、われわれは今、その「真空」の中に置かれているんだ、と。

貨幣の暴力性とファシズム

佐藤　すぐれた洞察だと思います。神の創造に関して、最近、創造論の中で力を持っているのは、ドイツのプロテスタント神学者ユルゲン・モルトマンが『創造における神』において、ユダヤ教のカバラ思想を援用して考えた「神の収縮」という概念です。

神はこの世界に満ち満ちていたが、その神が自発的に収縮をし、空いた隙間に人間の世界ができた。そこは神が不在の世界なので、人間が何かをして悪を生み出すのは当然であり、それに対して神は何の責任も負っていない。神のやったことは、自己撤退して場を造っただけであるとした。つまり、神が収縮したあとにできた虚無的な場、真空の場が、われわれの生きているところである。虚無の世界には、確実に悪が存在する。悪のリアリティを説明するのにいいわけです。そこに貨幣が生まれてくる。

ここにマルクスを接合するとおもしろい。マルクスの『資本論』の第一巻の商品の「価値形態論」で、商品を直接交換するという形、「亜麻布（リンネル）20エレ＝上衣1着　または20エレの亜麻布は1着の上衣に値する」という有名な提示があります。これは20エレのリンネルが一着の上衣に値するから、誰か上着を一着持ってくれば20エレを渡しますよと、背後に所有者が想定されている。

同じような形で幾つもの価値形態をあらわすことはできますが、それでは商品の交換が円滑に成立しない。あらゆる商品に対応できるように、共通する価値を持つ何かに換える「一般的等価物」という概念が出てくる。私がモスクワにいた一九八〇年代後半はルーブルの価値がなくなっていたので、欲しいものはマルボロで買っていました。一旦マルボロに換えれば、欲しいものが手に入る。日本の江戸時代における米と同じです。

その一般的等価物が貨幣になる。人と人との関係が生み出したもの、「これを持っていれば何でも手に入る」、それが貨幣です。マルクスはそれが歴史的だと言っています。なぜほかのものではダメなのか。みんながそれを一般的等価物と思えば、貨幣になるというわけではないのはなぜか。とても重要なポイントです。

そこで、おもしろいのは柄谷行人さんの試みだと思う。柄谷さんは二〇〇〇年に、資本と国家への対抗運動としてＮＡＭ[*4]（New Associationist Movement）を結成し、実験として地域通貨をつくったけれども、機能しなかった。それまでは、みんなが貨幣と認めれば貨幣になると発言していましたが、ＮＡＭの失敗を受けた後、柄谷さんは、みんなが一般的等価物と認めるだけでは貨幣にならない、実体としての金が必要であると、貨幣の実体説に傾きました。でも、その実体を取り入れる場合、どうしても外挿的にならざるを得ないのです。

一度、人間と人間の関係が貨幣の形をとると、貨幣は人間と人間の関係がつくったものであるにもかかわらず、実際に力を持つ。貨幣に力があるというこの構造をマルクスは商品交換から解き明かしていく。それに対してバルトは、神学的な形での一種の偶像の危険性から解き明かしていきます。同じ事柄を別の言葉で言っているので、パラフレーズと言っていいと思います。

富岡　さきほど話に出た滝沢克己の著書『バルトとマルクス』は、まさにその視点で論じています。日本人では初めての試みだったと思います。カール・バルトとカール・マルクスが交差するところに、現代の貨幣、マモン、資本主義の暴走と限界の問題の構図がはっきりとあらわれてくる。貨幣自体に実際の力はないけれども、貨幣に人間の間に生まれてきた社会的関係が凝縮されていくんです。

佐藤　マモンである貨幣が人を殺す力を持ってしまう。自殺する人間の大きな理由の一つが借金苦です。命を捨ててまで借金を返そうとする人がいる。また、カネのために人を殺すこともある。マモンの暴力性が強く出てくるわけですね。

富岡　そうです。マモンは悪霊的な力を持っていて、われわれがその真空の中で翻弄されている。レヴィアタンは政治的な絶対主義の形を取りますが、マモンはそれとは違う多形態の絶対主義の形を取ります。これが今の目に見えない危機の実体――悪や虚無としてあらわれているのが現状です。

その中にあって、国家を考えた場合、資本主義が生み出すさまざまな格差、人間の命をも奪っていくような現状に対し、もう一度、国家機能を強化することによって問題を解決しようとする方向性が出てきていますね。佐藤さんの『ファシズムの正体』は、その問題意識を先取りして書かれています。日本の今の状態――日本の政府のあり方、官僚の実態――から、われわれも身近に感じ取れる問題です。この資本主義の暴走の果てに、国家主義、ファシズムが出てくる。今後、大きなテーマになってくると思います。

「あいまい力」で社会と闘う

富岡　『ファシズムの正体』で扱っているのは、イタリアのファシズムです。ドイツのアドルフ・ヒトラーのナチズムや北朝鮮の金正恩のような独裁主義とは分けて考えなければいけません。なぜなら、ベニート・ムッソリーニはユートピア的な改革に反対している。

「「ファシズムは理想郷への到達を最終目標とするような、目的論的な発想をとらない」（中略）それはファシズムが歴史を、「絶えず変化しながら進化していく」という「生成」の概念で捉えている」（佐藤優『ファシズムの正体』）からです。ただ、この考えはイタリアだけではなく、日本においても京都学派の哲学者である田辺元《たなべはじめ》[*5]の著書『歴史的現実』にあらわれています。

佐藤　一九三九年の京都帝国大学での日本文化講義の講義録ですね。

富岡　はい。これは当時ベストセラーになり、特攻隊に志願した学徒兵たちがこの本をポケットに入れて戦地に赴いていった。同書の中で、田辺はこう言っています。

〈歴史は時間が永遠に触れる所に成り立つのであり我々個人はそれぞれの時代に永遠と触れて居る。個人は国家を通して人類の文化の建設に参与する事によって永遠に繋がる事が出来るのである〉（田辺元『歴史的現実』）

国家を通して永遠に触れる。そこには、国家のために死ぬという大義がある。悠久の大義のために個人の命を投げ出すことができるという、悪魔的な論理に転化していきます。ファシズムの究極的なところには、こういう恐ろしさがある。何かを抑圧し束ねる、その束ねたものの外にあるものを排除するだけでなく、永遠という悠久の観念を持ち込み、有限である人間の命とすり合わせようとする——偽物の神学というのでしょうか、そこが一番大きな問題であり、これは決して過去の問題ではなく、今にも起きうる問題だと思います。

佐藤　それは福島第一原発事故における吉田所長神話に似ています。厳しい状況の中、まさに時と永遠の問題が出てくる。東京電力は私企業ですから、本来、無限責任は想定されていません。社員は「こんな怖い仕事はできません、会社をやめさせていただきます」と言ってもいい。会社も国家もそれを阻止することはできない。しかし、大量の放射能漏れが起きている中で、特定の技術を持っている人間しか対応ができない現状がある。だから、東電の技師たちはその場に残ります。それを統括していた人間は、悠久の大義のために命を差し出す気構えを持っていたわけです。

結果、吉田所長が亡くなったことで、ノンフィクションや文学作品もその地平に出ていく。でも、冷静に考えてみれば、なぜ福島第二原発では同じような条件にもかかわらず、シビアアクシデントに至らなかったのか。もしかすると、これは人為ミスなのではないか。その管理責任はどうなっているのか。しかし、吉田所長が事故現場で一生懸命力を尽くしたうえ、その後亡くなったことによって、議論がしづらくなり吸収されてしまう。靖国《やすくに》に取り込まれてしまうことと同じ構造があると思うんです。

富岡　今の社会には、政府と官僚が「きれいごと」を言う流れが出てきています。加えてマスコミも、無意識かどうかわかりませんが、そういった言論に引きずられていく危険な状況がある。

佐藤　ここには「あいまい力」がとても重要になってくると思うんです。『大江健三郎　柄谷行人　全対話　世界と日本と日本人』の「大江健三郎氏と私」で柄谷さんは、大江さんの最後の対談で話題に挙がったノーベル文学賞受賞講演「あいまいな日本の私」[*6]について考察しています。

〈この講演がわかりにくいのは、「あいまいな」という言葉自体があいまいであるからだ。「あいまいな」は、英語でいうと、vague という意味と ambiguous（両義的）という意味になる。しかし、この二つを区別することは難しい。両義的とは二つの意味をもつという意味であるから、結局、あいまいという意味になる。だから、私はむしろ、ambiguous に対しては、ambivalent（両価的）という言葉を対置するほうがよいと思った〉（大江健三郎、柄谷行人『大江健三郎　柄谷行人　全対話　世界と日本と日本人』）

また対談の中でも、非常におもしろい点をついています。

〈卑近な例でいいますと、「私は東京大学なんか否定する」という態度をとる人は、その分、実は東京大学にものすごくこだわっている可能性がある。文壇を否定するという場合でも同じです。たとえば、ノーベル賞に対する態度などにもそういうambivalenceがあらわれます。フロイトが「否定」という論文に書いていますが、ある人が「絶対にそんなことはない」と否定するとき、それはその人が欲望していることなんだというんですね。強く否定することで自分の欲望を語ってしまうわけです。そういうのがambivalentだと思うんです。ambiguousとは、たとえば東大などはくだらないが、ましな点もあることを認めるというような態度ですね〉（前掲書）

「あいまいな」ということにはambivalentではなく、ambiguousを使ったほうがよい。要するに、二項が対立する形でなくて、わけがわからないけれども「あいまい」に入ってしまうことが「あいまい」なんだと言う。実はこれは「あいまいな」だけに汚いんですね。きれいに整理されない。

そうすると、われわれは、国家や、レヴィアタンや、マモンとの付き合い方に関して、きれいな形でこの連中を排除しようとすると、反対にとんでもない罠の中に入ってしまう可能性がある。そこで両義的なものに耐えることができるかどうかの耐性がすごく求められる。
今回、富岡さんに挙げていただいた課題書、村田沙耶香さんの『地球星人』は、生理的嫌悪の域に達するテーマを抱えています。その両義性に耐えろ、と彼女は読者に対して強く要請しているように感じます。

富岡　おっしゃるように文学に意味があるとすれば、現代の「きれいにする」という社会システムに対し、いかに「あいまいな言葉」を繰り出していくかが重要です。つまり、根底的という意味のラジカリズムがあいまい性にのっとって言語を繰り出せるかどうかに文学作品の大きな役割がある。単に国家批判とか、政府批判とか、安倍一強批判とかではないレベルで、社会の構造的なものに対する小説家の皮膚感覚、身体感覚としてのテーゼを打ち出すことです。

佐藤　確かに、安倍政権は立憲主義に反したから一刻も早く退陣せよ、と文学者の立場で発言するのには違和感を覚えます。有権者の一人として発言するのだったら理解できますが、そこに文学的なものは何もない。ただの政治的な好き嫌いに終わってしまう。友と敵に分けて、こっちが味方の陣営だよ、あっちが敵の陣営だよと言っているだけの話です。

富岡　シェイクスピアの『マクベス』で魔女たちが言う「きれいは汚い、汚いはきれい」ではないけれど、それぞれの文脈に応じて意味を生じさせる多義的なもの、多声的なものが、文学の言葉の大事なところだと思います。

村田沙耶香『地球星人』の悪魔的ユートピア

村田沙耶香さんの『地球星人』は「新潮」の二〇一八年五月号に発表された小説です。主人公は奈月という女性で、彼女の小学生時代と三十四歳になった現在との二つの時間を移動しながら物語は進行します。長野の過疎の村の大きな古い家に、父方の親戚一同が一年に一回集まりますが、そこで奈月は由宇という同じ歳《とし》のいとこの男の子と出会います。奈月は、自分は魔法少女だという自覚を持ち、由宇は宇宙人という自覚を持っています。つまり、この世界の存在ではないという共通認識を二人は持っていて、この地球という世界でどう生きていくか考え、アンチ世界の中で結婚の約束をします。

佐藤　三ヵ条から成る約束と、指輪の交換をするんですね。

富岡　その後、時がたち奈月は三十四歳になっています。奈月が過去を回想する中で、実は子どものころに塾の講師から凌辱されていたことがわかります。が、その後、塾講師を惨殺する。また、奈月は結婚しますが、性行為を一切しない男との結婚です。その夫も地球人ではない認識を持っています。夫と由宇と奈月の三人は長野の古い家で、地球というこの場所でどう生きるか、あるいは、どう去るのかを模索していくことになります。

小説の根本にあるのは、この国あるいは世界はすべて管理された、人間を生産する「工場」であるという認識です。子宮や精巣はそれを供する一つの歯車になるための道具にすぎません。出産を「製造」と言い、社会に出ることを「出荷」と言う。旧態依然な「産めよふやせよ」という抑圧は今もありますし、ＬＧＢＴの問題でも「生産性がない」という政治家の発言が問題になりましたが。

いずれにせよ、そういうアンチ「地球」の希望を徹底していくことで、最後は三人が田舎の古い家の中で、お互いに肉を食らっていくという極端な、一種の悪魔的ユートピアのような世界があらわれる。人間という縛り、その存在の桎梏《しっこく》から一匹の自由な生き物に変身していくところで物語は閉じます。

村田さんは『コンビニ人間』で芥川賞を受賞していますが、この作品では、さらに今日の社会の工場化、管理化、情報化へのラジカルな問いが描かれています。しかも、主人公の女性が暴力を受けた身体を回復していくというプロセスが重ねられています。自由を突き詰めた先のユートピアを描いている。

ちょっとぞっとする小説でもあるし、荒唐無稽と言えなくもないけれど、先ほどの話につなげれば、今日の社会をきれいにしていく国家と官僚の問題をはらんでいます。これをラジカルに、寓話的に描いた作品としてとてもおもしろかった。

佐藤　私も非常におもしろく読みました。

特に結婚誓約書と離婚式の非対称がおもしろいですね。結婚誓約書には、「①　他の子と手をつないだりしないこと／②　寝るときは指輪をつけて眠ること／③　なにがあってもいきのびること／以上を誓います」とある。大切なのは③です。孤立してでも生き残る。

離婚式の言葉は、「健やかなるときも、病めるときも、喜びのときも、悲しみのときも、富めるときも、貧しいときも、特に愛することなく、敬うことなく、慰め合うこともせず、助け合わず、命ある限り自分の命のためだけに生きることを誓いますか?」「……はい、誓います」。結婚のときの誓約と離婚のときの誓約と内容は実は一緒です。ここにあるのは自立した個という、全共闘の人たちが言っていたことを徹底的に詰めた世界なんです。

富岡　人間のある観念、思想、宗教を究極まで詰めていくと、悪魔的ユートピアとしての寓話になる。

佐藤　この作品を読んで、私は窪《くぼ》美《み》澄《すみ》さんの『アカガミ』を思い出しました。若者の「性」離れが急増したことでセックスレスが普通になった二〇三〇年代の世界を描いています。その世界では「アカガミ」に志願すると、国が食事を全部用意してくれ、受胎管理をしてくれ、病院で出産することができるという結婚・出産支援制度が施行されている。おそらく皇居の中にあると思われる病院が出産工場になっていますが、障害がある子どもが生まれてくると排除されてしまう世界です。

富岡　衛生思想というか、完全な管理思想になりますね。ソフトファシズムです。

佐藤　吉村萬壱《よしむらまんいち》さんの『ボラード病』もそうです。誰かによって監視されている。精神に変調を来している女の子の話かと思うと、実際は災害後、その町自体がファッショ化していて、実はその女の子だけが正気を保っていたということが明らかになる。つねに誰かから見られているというパノプティコンの構造です。とてもうまく描かれていて、すごい才能です。

富岡　パノプティコン、一望監視的であると同時に、すべてのまなざしが乱反射して、今のカオス的な世界を形成していくんですね。昭和における連合赤軍事件とか、平成におけるオウム真理教事件など、その思想的本質を社会的には突き詰められない。祓いで流してしまうものを、小説には本質の奥まで入っていく力があります。

佐藤　『地球星人』は、国家の暴力性に対する村田さんの大いなる異議申し立てになるわけです。今の閉塞的な状況の中で、工場のようなところで受験をさせられ、企業に入るように勧められ、その流れに乗れない空白を感じた人たちが、寄せ場のような形でオウム真理教に集まった。それが暴発をしていく構造ですが、社会の構造はオウムが出現したころよりさらに閉塞感を強めているので、事件を解明せずにオウム真理教問題が終わるはずがない。

富岡　宗教的なるものが新たな形をとってあらわれてきては破壊を行い、連続していく。バルトが言う、「真空」の中でそういうことが繰り返される。この状況はずっと続いていくだろうと思います。

佐藤　やはり終末論的な解決しかないわけです。終わりの日に至るまで続いていく「真空」と、われわれは付き合い続けないといけない。大江さん流に言うと、このあいまいさに耐え得る耐性が、思想においても、文学においても、求められていることだと思うのです。

人間にとって自由とは何か

富岡　こういう危機の状況下にあって、一つの思想的実験として柄谷行人は『世界共和国へ資本＝ネーション＝国家を超えて』から『世界史の構造』『哲学の起源』『遊動論』『帝国の構造　中心・周辺・亜周辺』まで、国家による救済を超えて、あるいはファシズムの危険性を超えて、普遍主義としての世界共和国的なものを思考し続けています。ただそれは、独自の発想というわけではなく、すでにヨーロッパでもカントの『永遠平和のために』をはじめとするさまざまな試みがありました。そのうえで、現代においてより普遍的な可能性を探っていく、突き詰めて考えてきていると思うのです。

佐藤　柄谷さんは『世界史の構造』で、「生産様式から交換様式へ」ということを提唱しました。マルクス主義の理論では社会構成体の歴史を生産様式が経済ベースになっていると捉えていますが、柄谷さんはそれを交換様式であると考えた。

その構造を四つの象限に分け、基本的な交換様式においては、交換様式Aを「互酬（贈与と返礼）」、Bを「略取と再分配（支配と保護）」、Cを「商品交換（貨幣と商品）」、第四象限にあたるDを「X」とした。それに対応する形で、基本的な社会構成体では、Aをネーション、Bを国家、Cを資本とし、Dを「X」としています。そのほか、「交換と力の諸形態」「世界システムの諸段階」「近代世界システム（資本＝ネーション＝国家）」とありますが、このそれぞれのDにあたる箇所「X」とは、抑圧されたものの回帰であり、Aを高次元で取り戻すことだという。

富岡　『世界史の構造』では交換様式Dをアソシエーションへと接合していましたね。

佐藤　そのアソシエーションが、いまや固有名詞としては言い表せないものとして「X」となった。「X」になると超越的なものとして捉えられるので、カトリシズムと親和性が高まります。私は「現代思想」（二〇一五年一月臨時増刊号）で柄谷さんと対談したのですが、その中で柄谷さんはこう言っています。

〈私の考えでは、交換様式Dは先ず普遍宗教として現われる。だから、どうしても普遍宗教について考える必要があるのです。普遍宗教は宗教の批判としてあらわれますが、まもなくそれ自体、宗教になってしまう。そこで、宗教改革が何度も生じる。普遍宗教はDを持つ以上、社会主義的な運動になります。それは千年王国運動のような社会運動として何度も現われた。／一九世紀でも社会主義運動は、宗教的な背景を持っています。我々が言う社会主義は、一九世紀半ば以降、宗教性をとりさったものです。つまり、プルードンやマルクス以降の「科学的社会主義」です。とはいえ、社会主義は交換様式Dであるかぎり、普遍宗教から完全に離れるものではありえない。実は、離れてしまうと、それはむしろ逆に「宗教」になってしまう。そして、社会主義者が教会国家の祭司のようなものとなる〉（柄谷行人、佐藤優「柄谷国家論を検討する　帝国と世界共和国の可能性」）

富岡　実に鋭い指摘だと思います。実際にローマカトリック、バチカンは、今の危機の世界において、カトリシズムとしての普遍主義の勢力をいかに広げるかを戦略的にやっています。

佐藤　前教皇のラッツィンガー（ベネディクト16世）は理論家ですからね。保守派の代表で、異端審問を一九八〇年代に甦《よみがえ》らせたことで有名です。

富岡　ラッツィンガーは、教皇を生前退位しました。終身制の教皇職においてみずからの意志で退位をするのは、前代未聞の出来事です。六百年ほど前にグレゴリウス12世が退位して以来ですね。ラッツィンガーはイスラム教の教えの一つであるジハードを批判する発言でイスラム世界を怒らせましたが、今の世界状況におけるイスラム原理主義の台頭という危機感の中で、イスラム原理主義的な考え方に対してカトリシズムの持つ普遍性をいかに戦略的に世界に浸透させていくかを考えていたと思います。それを自身の老齢化もあると思いますが、具体的な教皇の交代で示した。

佐藤　しかも、ラッツィンガーの後、教皇の座についたフランシスコは史上初のイエズス会出身者です。イエズス会は特定の国とは結びつかない、教皇直結の精鋭部隊です。対抗宗教改革でできた軍隊と言えます。

富岡　ファシズムとまでは言いませんが、そういった戦略を今バチカンはとっている。現に教皇フランシスコはキリスト教人口が西欧で減少するなか、中国に急接近するという賭けに出た。

佐藤　普遍主義を標榜《ひょうぼう》しているので、ファシズム的な全体主義の歩どまりがないぶん、より怖いかもしれない。

富岡　そうですね。ナショナリズムやファシズムよりも強力な普遍主義として世界を束ねよう、あるいは人間を工場化、管理化しようとする。そういう宗教的戦略を持っています。カトリシズムは本質において大審問官です。

佐藤　真の自由とは何か。今こそ、改めて「大審問官」[*7]が読まれないといけない。

富岡　『カラマーゾフの兄弟』で、カラマーゾフ家の次男イワンが三男アリョーシャに話す叙事詩ですね。イワンが話すのは、「神が存在するのか否か」の問題ではなく、イエス・キリストが地上に出現したことによって人間に与えた「自由」をめぐる、人間側からの議論です。「自由」を差し出すことでパンを得る「支配」に身をゆだねるのか、「人はパンだけで生きるものではない」と「支配」を斥け、イエス・キリスト的「自由」を得るのか。「奇跡」「神秘」「権威」という三つの誘惑から、人間にとっての「自由」を考えさせます。

しかし現代、冷戦終結後の新自由主義経済は「自由」の勝利と言いながら、グローバルなカジノ的キャピタリズムを生み、悪魔的なマモニズム支配を生み出し、経済危機や格差などの危機的状況を露わにした。今まさに、改めて「自由とは何か」という、永遠のアポリアに挑まなければならないと思います。

ニヒリズムを超えて

富岡　二〇一八年一月に自裁された西部邁さんは、五十五歳のときの著書『死生論』の中でみずからの「死に方」を明確に語っています。また、現代のテクノロジズムによる延命治療や、安楽死や尊厳死といった管理化され、工場化されていく人間の死に関し、その自然に対する矛盾や大仰さを言われてきました。「死に方は生き方である、生き方は死に方である」という一つの人生観と死生観がある。

西部さんは最終的に無神論を貫き通したと思っています。キェルケゴールとか、そのほかの西洋近代におけるキリスト教系の書物もよく読まれていて、宗教の価値には注視されていたけれども、神を信じない立場でした。ただし、神と自分の契約ではなくて、何かを信ずる一つの共同体——組織、カビナント、同盟——そことの契約は信じる。

佐藤　ブント（契約、同盟）は信じるということですね。

富岡　そうですね、同盟を信じる。ですから、妻と自分との関係、この契約を信じる。あの自死は一つの「仮説的信仰における心中」である、現代のニヒリズム状況の中における一つの決着のつけ方と言っていいと私は思っています。

佐藤　根底に流れている彼の思想は、契約共同体という思想が強い。いろんなところで彼は契約共同体をつくりたかった。ブントもそうですし、保守論壇もそうですし、「表現者」もそうしたかった。その共同性を理解して身体化されているのが奥さんだった。

富岡　まさにそうだと思います。妻が自分にとっての「故郷」ともおっしゃっていました。魂における契約の根本としての「故郷」、ハイマートです。近代がまさにハイマート・ロス（故郷喪失）であれば、契約における自裁という形を導き出したとも言える。これは普遍主義に対する徹底した抵抗でもあると言えなくもない。

佐藤　われわれプロテスタントの特徴として普遍的なる要素もありますが、これがあいまいで、先ほど話に出たambiguousという、ナショナルなものに対しても両義的で必ず両方の足がかかります。カトリシズムのように一本で行けないんですね。

富岡　ただ、今の世界が向かう方向として、ソフトファシズム、あるいはソフトスターリニズム、そしてバチカン的な普遍主義がある。それに対してイスラム的な原理主義もある。

佐藤　イスラム原理主義もまた普遍主義的な構成を持っていますから、正しい意味での全体主義の復権が必要だと思う。要するに、猫は猫で全体、犬は犬で全体のわけですから、全体においてすみ分けていかなければいけない。その意味において、ファシズムは魅力的なんですね。だとすると、ソフトファシズムは不可避かもしれない。ただ、ソフトファシズムと病的なファシズムの間の線はあいまいなので、どこに線を引くかが問題になってきます。

富岡　そのテーマを、佐藤さんは『高畠素之の亡霊　ある国家社会主義者の危険な思想』で追究されています。高畠素之という稀有《けう》な思想家の中に探っておられる。高畠は『資本論』を全訳している人物ですね。

佐藤　そうです。高畠は一八八六年に生まれ、明治末期から昭和初期にかけて論壇の寵児《ちょうじ》でした。同志社神学校に学び中退しています。しかし、翻訳家としても優秀で、『資本論』の全訳を初めて行った。しかも、全面的な改訳を繰り返し計三度も翻訳しています。それだけ『資本論』の内在的論理に精通していたにもかかわらず、社会主義者や共産主義者にならなかったためずらしい人物です。

富岡　そういう人間が最終的に国家主義に帰着していく流れとは一体何か。その問題がここで書かれている。

〈高畠の思想が妖しい魅力をもつのは、徹底した性悪説に立つからだ。高畠は人間を信じることができず、悪の力がこの世界を支配していることを認める。ただし、悪の力による相互牽制によって、どの人間も自らの思惑に基づく世界構築ができなくなる。その結果、超越性が担保されるのだ。この超越性は、ニヒリズムによる超越性だ。／しかし、ニヒリズムによる超越によって、人間の悪を抑えることはできない。高畠が、自ら提唱した国家社会主義ともっとも親和的と考えたムッソリーニのファシズムは、一九三〇年代にヒトラーのナチズムに呑み込まれてしまった。ファシズムの知的に複雑な操作を加えた超越性が、ナチズムの単純な「血と土」の神話に圧倒されてしまったのである〉（佐藤優『高畠素之の亡霊　ある国家社会主義者の危険な思想』）

今まさに思想というものに真剣に取り組もうとする人間が陥っていく一つの轍《わだち》として、高畠の存在はありますね。

佐藤　高畠の考えるファシズム、国家社会主義には、それなりの合理性と魅力がありました。彼があと十年長生きしたら、日本の国家改造運動は相当乾いたものになったと思います。五・一五事件も二・二六事件も、あんな甘ったれたものにならなかったはずです。逆にその結果、日本が戦争で手ひどい打撃を受けることになったかもしれませんが。

富岡　このご本の最後の方で、佐藤さんは「高畠には、もう一つの道があった。『資本論』から唯物史観の限界を知った上で、社会進化論的な弱肉強食の論理と人間の性悪な本性を超克するもう一つの道である。それは、第一次世界大戦の大量破壊、大量殺戮を前にして、スイスの片田舎のザーフェンビルに住んでいた青年牧師カール・バルトが新約聖書の「ローマの信徒への手紙」を読み直し、「神は神である」という真理を再発見した道だ」と記しています。高畠が、もしバルトの『ローマ書』を読んでいれば……。

佐藤　頭のいい人ですから、バルトの思想と触発する機会さえあれば、別の方向に行ったと思います。

富岡　それを含めて最後に、「晩年に、高畠が、もう一度、ヨーロッパの「危機の神学（弁証法神学）[*8]」に触れ直したならば、国家社会主義はゲシュタルト的転換を遂げたと思う。筆者は、二十一世紀に甦った高畠の亡霊を再びキリスト教神学の世界に誘うことを考えている」とまとめていらっしゃいます。

ニヒリズムが蔓延する現代の危機において、バルトが言う、マモンが自己目的と化してしまうキャピタリズムの現実のなかで、いかに諸権力から解き放たれるか。「宗教」や「倫理」、「自由」や「理想」といった価値がことごとく無意味なものと化したところに出現するニヒリズム、暴走する資本主義に対し、神学的にも文学的にも、いかに対峙するかが問いになってくると思います。

＊1　ロマン主義――一般に人間の理性や悟性を重視するのではなく、空想や感情や個性を中心に、主観的な自由な飛躍や空想の躍動を表現する立場。形式や類型を大切にする古典主義や、十七世紀から十八世紀にかけての近代的な合理精神に基づく啓蒙主義に対立する。主知主義や理性主義によって失われた人間の感情生活や宗教感覚を回復しようとする十八世紀から十九世紀前期の芸術から宗教にわたる運動であり、F・シュレーゲルやノヴァーリスらのドイツ・ロマン派、ロマン主義を宗教思想の根幹にして、人間の絶対帰依の感情を強調したシュライエルマッハーなどが代表者。近代日本でも、マルクス主義や啓蒙思想から離脱して、日本という原郷へと回帰しようとする日本浪曼派があった。

＊2　滝沢克己――一九〇九（明治四十二）年～一九八四（昭和五十九）年。栃木県生まれ。九州帝国大学哲学科卒業。一九三三年、西田幾多郎を訪ね、ドイツでカール・バルトに師事すべきとの示唆を受ける。翌年、ボン大学神学部でバルトの講義を受け、マールブルク大学でルドルフ・ブルトマンに学ぶ。帰国後、山口高商教授、九州大学教授などを歴任。一九六五年、五十六歳の折にドイツ福音主義教会連合に招かれ渡独、ゴルヴィッツァー、ハイデッガーなどの神学者・哲学者と語り合い、バルトと三十年ぶりに再会。著書に『カール・バルト研究　イエス・キリストのペルソナの問題』『滝沢克己著作集』（全十巻、法藏館）ほか多数。

＊3　インマヌエル――ヘブライ語で〈神われらと共にいます〉という意味。旧約聖書「イザヤ書」の七章十四節に〈それゆえ、わたしの主が御自ら　あなたたちにしるしを与えられる。見よ、おとめが身ごもって、男の子を産み　その名をインマヌエルと呼ぶ〉（新共同訳）とある。新約聖書「マタイによる福音書」の一章二十二節～二十三節は、この旧約の預言が、イエス・キリストの誕生によって成就したと解釈し、イエス・キリストが地上に出現したことをインマヌエルの原事実としてとらえる。「マタイによる福音書」二十八章二十節の〈わたしは

世の終わりまで、いつもあなたがたと共にいる〉（同）との言葉は、三位一体の父・子・聖霊によって、インマヌエルが、キリスト信仰の根幹であり原点であることを伝えている。

＊4　NAM（New Associationist Movement）―二〇〇〇年に評論家の柄谷行人が提案した、資本と国家への対抗運動としての組織。アソシエーション（連合・合同・組合）の形成によって、十九世紀以来のユートピア社会主義、共産主義、アナーキズムなどの社会思想運動の挫折と可能性を検証しつつ、国家と結びついた資本制貨幣経済の廃棄、国家そのものの廃棄を目指した運動。資本への対抗の場を流通（消費）過程に置き、資本に転化しない地域通貨を構想・実現し、トランスナショナルな「消費者としての労働者」の活動を展開しようとしたが、組織的には二〇〇三年に解散した。NAMの理念とプログラムは、柄谷の著作『原理』（太田出版、二〇〇〇年）に詳しい。

＊5　田辺元―一八八五（明治十八）年～一九六二（昭和三十七）年。東京生まれ。東京帝国大学文科大学哲学科卒業。一九一九年、西田幾多郎の招きにより京都帝国大学文学部助教授に就任。一九二二年、ヨーロッパに留学。フッサールに学ぶ。一九二七年、京都帝国大学文学部教授に就任。戦時中に大学にて「死生」と題し講演を行う。『歴史的現実』では、個人は国家を通して人類の文化の建設に参与し、永遠につながることができると説き、若者に国家のための死をうながす結果となる。戦後はその反省から『懺悔《ざんげ》道としての哲学』を著わし、『実存と愛と実践』『キリスト教の弁証法』など晩年は絶対他力の宗教哲学を説くようになった。一九五〇年、文化勲章を受章。

＊6　大江健三郎「あいまいな日本の私」―一九九四年十二月七日、ストックホルムのノーベル文学賞授賞式での大江健三郎の受賞記念講演。一九六八年の同賞受賞時の川端康成《かわばたやすなり》の講演のタイトルは「美しい日本の私」であり、大江は〈近い過去において、その破壊への狂信が、国内と周辺諸国の人間の正気を踏みにじった歴史を持つ国の人間として〉と戦争の反省を述べつつ、〈私は、川端と声をあわせて「美しい日本の私」ということはでき

ません〉と語った。大江は「あいまい」と日本語で言われる意味をambiguous（両義的）と訳したいと言い、それは開国以後、近代化を走ってきた現在の日本は、西欧化と日本人の伝統文化の二極に引き裂かれてきた、〈そのあいまいさ《アムビギュイティー》に傷のような深いしるしをきざまれた小説家として、私自身が生きているのでもあります〉と語った。

＊7「大審問官」―ドストエフスキーの代表作『カラマーゾフの兄弟』の第五編「プロとコントラ」（肯定と否定）のなかで、次男のイワン・カラマーゾフが三男の修道僧アリョーシャに語る物語詩。十五世紀のスペインのセヴィリアで異端審問が行なわれ、火刑が壮麗な祭りのごとくくり返されるなかに、イエス・キリストが再臨する。群集は人知れず姿を現わしたイエスをすぐにその人だと気づき、動揺と慟哭《どうこく》が起こる。老大審問官はその人を捕え、人間は自由よりもパンを求めるのであり、非力で罪深い存在であり、キリストの理想は民衆には重荷でしかないと迫る。地上の支配者（教会）は、したがって人々に「自由」ではなくパンによる「従属」を与えるのだと説く。この老大審問官の話を聞いていたキリストは、無言のまま近づき、審問官の血の気の失せた唇に接吻《せっぷん》する。

＊8 危機の神学（弁証法神学）―第一次大戦においてキリスト教および教会が戦争に加担するなどその無力を露呈し、戦後ドイツ、スイスを中心にキリスト教を抜本的に改革せんとの神学運動が起こった。カール・バルト、フリードリッヒ・ゴーガルテン、エミール・ブルンナらの神学者、ルドルフ・ブルトマンらの新約学者らによって、神学界のみならず広く哲学・思想界に大きな変革の渦が巻き起こり、その影響はハイデッガーの存在論や、実存主義哲学にまで及んだ。キェルケゴールの質的弁証法の採用から弁証法神学と呼ばれたが、二十世紀初頭の「戦争」と「革命」の時代の危機のなかから生まれた神学として、むしろ「危機の神学」というのがふさわしい。ただし神学者の立場に統一的なものはなく、実質的には各々がかなり異なる神学思想を展開した。

III 国家の本質

タブーとなった「国体」論

富岡　今回のテーマは、国家論についてです。

国家論を考えるにあたり、一つのキーワードとなるのが「国体」という言葉です。日本の歴史をひもとく際、とても重要な言葉になります。しかし、時代のなかでさまざまな歪《ゆが》みをはらんでいった。とくに昭和の戦争期には、国体明徴運動が起こりました。

これは一九三五年に憲法学者の美濃部達吉《みのべたつきち》が「統治権は法人である国家に属し、国の最高機関である天皇が国務大臣の輔弼《ほひつ》を受けて行使する」と、軍事に関する天皇大権への内閣の権限を根拠づける天皇機関説を主張したのに対し、内閣から軍事への権限行使を排除したい軍部は、この解釈学説は不敬である、天皇は神聖にして侵すべからずと、天皇の神格化を唱える。政治的主導権を握ろうとした立憲政友会、軍部、右翼の諸団体は、当時の岡田内閣に、天皇が統治権の主体であり、日本は天皇が統治する国家であることを明示せよと迫って声明を出させます。これが国体明徴声明です。戦争という歴史を背景に、学術的論争でなく政争の道具として国体論が出てきました。

佐藤　そもそも「国体」とは日本国家を成り立たせる根本原理です。しかし、手元にある辞書で「国体」を引くと、最初にあるのは「国民体育大会」という体たらくです。
富岡　そうですね（笑）。「国体」という言葉は、国体明徴運動の経緯から戦後には一種のタブーになりましたが、最近（二〇一八年）、政治学者の白井聡さんが『国体論　菊と星条旗』を上梓され、話題になりました。また、佐藤さんも『日本国家の神髄　禁書『国体の本義』を読み解く』という著書を出されています。

この『国体の本義』とは、「日本とはどのような国か」を明らかにしようと、一九三七年に文部省が学者たちを集め編纂《へんさん》した書物です。この本は、大東亜戦争敗北後、占領軍総司令部によって禁書とされたため、戦後、『国体の本義』を読む人はほとんどいなかったでしょう。しかも、冒頭で「第一　大日本国体／一、肇国／大日本帝国は、万世一系の天皇皇祖の神勅を奉じて永遠にこれを統治し給ふ」と強調されたことで、先ほどの国体明徴運動の理論的な意味づけととられ、誤解が生まれてしまった。

しかし、佐藤さんが改めて読み解くことで、そもそも日本とはどのような国なのかという大切な問いかけの本として浮上した。そして、言われているような一方的な国家主義、天皇主義とは違い、むしろ西洋の啓蒙思想を再検討しながら、日本の国家のあり方を考えようというニュアンスが入っていることがわかる。キリスト教神学者である佐藤優が『国体の本義』を読み解くことは、とても画期的な作業であったと思います。
佐藤　ありがとうございます。この本を執筆したのは、二〇〇八年八月に産経新聞社の住田良能社長（当時）に呼び出され、そこでお話ししたことがきっかけです。住田さんは「最近の保守論客についてどう思うか」と問われた。私があいまいな返事をすると住田さんが「保守陣営の一部の思想傾向に、自分は危険を感じている。英霊を追悼するのは当然であるし、特攻隊員たちの心情に寄り添うこともわかる。けれど、あのひどい負け戦を美化することがあってはならない。その境界線が佐藤さんにはわかるだろう」と厳しい口調で言った。そして、それを踏まえたうえで、そういった保守の人たちに通じる言葉で歴史書を書いてほしいと言われたんです。

産経新聞では時々おもしろいことが起きる。例えば二〇一七年の十二月に沖縄自動車道で起きた追突事故に関し、産経新聞は米海兵隊員が日本人を救助したと伝えたうえで、その米国の美談を報じない琉球《りゅうきゅう》新報や沖縄タイムスについて「日本人として恥だ」と書いた。だけど、検証したところ、米兵が日本人を救助した事実はなかった。それで昨年（二〇一八年）になって当時の乾《いぬい》正人執行役員東京編集局長が、琉球新報、沖縄タイムスの社名を出して一面で謝罪した。産経新聞は右派の新聞と見られていて、排外主義的な論調を載せているとリベラルな人から激しく攻撃されているけれども、この線より右に行ってはいけないという自浄作用が必ず働く。
これは『国体の本義』にも通じるんです。読んでいて気づいたのは、『国体の本義』をつくった編纂者たちも、これに近い問題意識だったろうということです。彼らが強力に意識したのは反共・右翼思想家の蓑田胸喜《みのだむねき》＊1で、彼のようなファナティックな右翼思想が国体明徴運動と結びつくと、結果、非合理的な観念論になってしまう。近代科学技術を否定することによって、零戦も戦艦大和もつくれないし、そもそも滅茶苦茶《めちゃくちゃ》な国家になってしまう。

富岡　蓑田胸喜は、極右というか国家主義者です。むしろ『国体の本義』自体は、和辻哲郎《わつじてつろう》＊2とのかかわりが大きいと思う。その意味において、明治以降、西洋思想をどう受け入れたのかが問題になります。とくに啓蒙主義や個人主義といった思想を再検討して、その中からもう一度日本のあり方を問うという、西洋思想との対峙姿勢がはっきり出ています。『国体の本義』は重要な過去のテキストであるにもかかわらず、戦後は論じられなかった。白井さんの『国体論』も『国体の本義』についてはほとんど論じていません。

佐藤　白井『国体論』の弱さは私から見ると二つあります。一つ目は、いま富岡さんのおっしゃった『国体の本義』に関してです。戦前の国体論をきちんと論じていない。二つ目は、戦前の国体論とキリスト教の文脈、なおかつ、戦後の国体におけるキリスト教の土着化の問題、その二つに関する視座がないんですね。そうすると、一九六一年の日本共産党の綱領のように、アメリカ帝国主義と従属する日本の独占資本、プラス戦前の講座派の感覚で、それが特殊な型の従属である、その型から抜け出すことはできないと講座派史観へと収斂《しゅうれん》してしまう。それは陰謀論とかなり近いんです。

富岡　講座派は戦前の日本共産党の中で『日本資本主義発達史講座』を書きました。講座派とは、その講座に執筆者として集まった日本共産党系の理論家たちのことです。

佐藤　彼らは、明治維新は基本的に封建主義的な絶対制を強化したものであるとして、ブルジョア革命ではなくて絶対主義天皇制だと主張しました。

富岡　対して労農派は、――労農派は、雑誌「労農」に執筆していた非共産党系のマルクス主義者たちです――明治維新をブルジョア革命だったとした。講座派と労農派の対立は戦前からあって、戦後も引きずります。

国体という言葉は、国家を成り立たせている根本原理ですから、その意味では、成文憲法の背景にある、目に見えない憲法という定義もできると思います。

実際に成文憲法を持たない国家は、例えばイギリスが有名ですが、慣習法の伝統が定着していることが大きい。もう一つ、おもしろいのはイスラエルです。イスラエルは、第二次大戦後、シオニズム運動の流れから近代イスラエル国家をつくり上げましたが、成文憲法がない。なぜなら、イスラエルこそまさに旧約聖書であり、テキストこそが我が祖国である。これはオーストリア系ユダヤ人の文芸批評家、ジョージ・スタイナーの言葉です。まさに聖書こそが祖国であるという。イギリスとは形は違いますが、成文憲法を持たない国です。

いずれにせよ、国体とは、それぞれの国家の根本にある一つの原理、感情と言っていいと思います。民族のことをフランス語ではエトニー（ethnie）、ギリシャ語ではエトノス（ethnos）と言います。それは同一的な文化的伝統や歴史を持ち、特定の地域で共属意識を持つ独立した単位集団です。
佐藤　なおかつ、名称を持っています。
富岡　ネーションになる前には、一種の集団的共通感情が生まれます。「国体」はそういう感情と深くかかわっていきますね。

民族の「打ちこわしがたい本質」

富岡　二〇一九年（平成三十一年）四月三十日で平成が終わります。そこで、日本における天皇の御代替わりのあり方、意味を考えたいと思います。問題になるのは、天皇制についてです。しかし、この天皇制という言葉自体、無前提に用いていいのかどうか。
佐藤　私は天皇制という言葉に抵抗があります。天皇制というのはコミンテルン（共産主義インターナショナル＝国際共産党）用語ですし、制度には改変可能という前提がある。しかし、国体論の考え方に立つと、国体の根幹である皇統は改定が不能の文化的な基層です。制度は改変可能ですが、天皇は廃止することができないので制度ではありません。だから、皇統とか、国体とか、こういう表現しかないんでしょう。

富岡　ただ、国体イコール天皇かというと、また違います。例えば福沢諭吉は『文明論之概略』で、「これを人身に譬えば、国体はなお身体のごとく、皇統はなお眼のごとし。眼の光を見ればその身体の死せざるを徴すべしといえども、一身の健康を保たんとするには、眼のみに注意して全体の生力を顧みざるの理なし」と言う。国体は「体」だから国民の集合体であり、皇統はその体の中にある「眼」だと言っている。

佐藤　普遍的に言うと、the Constitution ですから、その意味においては各国の国体がある。万邦無比の我が国体という言い方は、万邦無比でないほかの国体もあるということです。それは沖縄論とも関係してきます。沖縄には別の国体がある。つまり、天皇イコール国体ではない。なおかつ、日本の国体もまた天皇にすべては還元できない。ここに難しさがあるんですね。

でも、結局はトートロジーになる。国体は国体である。そこにおいて、天皇をめぐる根本問題を考えなければいけない。いずれにせよ、ワーディングとして「天皇制」は極力避けたい。共産党や共和制論者が天皇制打倒と言うのは構わないけれど、保守陣営の論者が天皇制擁護と言うのは語義矛盾です。

おもしろいのは、例えば日本共産党の場合、かつては天皇制打倒が中心だった。天皇制打倒と言いながらも、その中に徳田球一のような天皇が出てくる。あるいは、宮本顕治のような天皇が出てくる。現代では不破哲三《ふわてつぞう》のような天皇が出てくる。彼らは絶対的な権威、つまり権力のかなりの部分を持っているけれども、責任を一切とらないでいいという主体になっている。

富岡　権威が権力と結びついて不思議な形で現れるんですね。

佐藤　日本人の共同体には必ず天皇的なるものが出てきます。例えば、大江健三郎の『万延元年のフットボール』には、スーパーマーケットの天皇が出てくる。

富岡　「日本」を正確に考えるためには、国体を外側から別な角度で見なければならないですね。いま佐藤さんがほかの国体とおっしゃったことで私が思い出したのは、ドイツの例です。ドイツの歴史家フリードリッヒ・マイネッケは、第一次第二次、二つの世界大戦を生きた人です。一九二四年には『近代史における国家理性の理念』を書き、ヨーロッパのキリスト教の文脈で近代国家における問題、つまり国家悪と神の問題を追究しています。

マイネッケはナチスの時代も生きていました。一九四五年五月に戦争が終わり、その翌年に彼は『ドイツの悲劇』という本を書きます。原題は『Die deutsche Katastrophe』なので、直訳すれば「ドイツの破局」です。日本では『ドイツの悲劇』と訳されています。この本では、なぜドイツは第一次大戦後、ワイマール共和国からナチズムになってしまったのかというプロセスと、ヒトラー主義の問題、ボルシェビズムの問題などを論じています。そして、この破壊と破滅の混沌の中から、ドイツとドイツ人がいかに再出発すべきかという将来の希望の指針を書いている。自国民に対する一種の預言をしているんですね。そのとき彼は「真にドイツ的である」ものの再発見を「ゲーテの時代への帰路」に求める。ゲーテ的なものこそ、ドイツ精神の文化の神髄であると言うのです。

佐藤　復古維新的になるんですね。

富岡　そうです。その確信の文脈で、こう述べている。

〈……ゲーテやシラー風の深遠な思想詩とは、おそらくわれわれの全文学のうちで、ドイツ的なもののなかでももっともドイツ的なものであるだろう。それらのなかへ完全に沈潜する人ならだれでも、われわれの祖国のあらゆる不幸のなかに、また破壊のまっただなかに、破壊することのできないあるもの、ドイツの「打ちこわしがたい本質」を感ずるであろう〉（フリードリッヒ・マイネッケ『ドイツの悲劇』）

「打ちこわしがたい本質」の箇所を原文で見ると、ラテン語の「character indelebilis」となっている。これはカトリック神学におけるサクラメントです。洗礼を受けるとは、霊魂に「消えない印章」を刻するという意味です。つまり、「打ちこわしがたい本質」とはサクラメンタルなものであると言えます。

これはカトリックだけでなく、これまで議論してきたプロテスタントの神学者であるカール・バルトも、その主著『教会教義学』の中で、この言葉を使っています。

〈和解の業において、神が人間のために、自ら人間となり給うたことによって、神のもとに・また神と共にある人間のすべての一般的な存在——謂わば外的な存在を超えて、人間はそのように神によって保持・同伴・統治された被造物でありつつ、一つの特性、（Charakter）を、「破壊シガタキ特性」（character indelebilis）とも言うべきものを、持つことが決定された〉（カール・バルト『和解論　Ⅰ／1』）

佐藤　インマヌエルですね。「神われらと共にあり」という。

富岡　つまり、この「打ちこわしがたい本質」と「破壊シガタキ特性」という言葉には、神学的ニュアンスがあり、マイネッケがみずからの民族の「本質」を語るときに使ったのも、偶然ではないと思います。

佐藤　滝沢克己が「インマヌエルの原事実」と言って、神と人とのあいだの根源的な関係を不可分・不可同・不可逆な関係と指摘し、打ちこわしがたいものがわれわれの中にあるのだとすることと親和性が高い。

富岡　そうですね。マイネッケの言う「打ちこわしがたい本質」は神学的な概念と言っていい。このみずからの民族の「本質」を語るときに使った言葉は、おそらく日本語で言えば「国体」のような作用を及ぼすのではないか。私はそう解釈をしてみたんです。

ナチス憲法と改憲論

佐藤　とてもおもしろい解釈です。それと対極的なドイツの国体論をいま思い出しました。ドイツの憲法学者であり、ミュンヘン大学国法学教授でもあるオットー・ケルロイターが戦前に出した『ナチス・ドイツ憲法論』です。ケルロイターは、一九四〇年ごろまではナチス政権下における憲法理論の第一人者でした。

彼の主張は、ドイツの憲法学においては憲法原理論が弱いため、ワイマール憲法を改正する必要はない。英米法のように解釈の幅のある憲法は指導者によって体現されるので、必ずしも憲法の縛りを受けない。つまり、成文法になっていないところに国体が生まれる。それは何かというと、ドイツの場合には民族主義的なイデオロギーがあり、文化的な継承を意味する民族の「血」と、祖国を意味する「土」があり、それは指導者原理の中にあらわれている。だから、Führer（総統）の立場において、ワイマール憲法と矛盾する血の純血法とか、国防法とかをたくさんつくる。血と土の神話による指導者原理をもとに、ワイマール憲法を改正しないで国家体制を転換したのがナチスです。

おもしろいのが我が麻生太郎副総理で、彼が憲法改正論議に関して、「ドイツのワイマール憲法もいつの間にかナチス憲法に変わっていた。誰も気が付かなかった。あの手口に学んだらどうかね」と講演で言う。

富岡　ワイマール憲法をそのままにしてナチス政権ができたんだから、と。

佐藤　あの発言を受けて、ナチス憲法なんかなかったという論評をする人もいるけれど、ケルロイターを知っている外国人が聞けば、「これを考えているんだ。だから憲法と矛盾するような法律をいろいろとつくりたがっている。なるほど、麻生はなかなかの理論家だ。ケルロイターの二十一世紀版だな」と思うわけですよ。

富岡　安保法制や集団的自衛権がそうですね。

佐藤　明らかにナチス憲法論の形で新しい憲法をつくっている。
富岡　でも、麻生さんはそこまで意識していないでしょう（笑）。
佐藤　無意識でやっているから強いんだと思う。麻生さんのケルロイター的な憲法改正論と、安倍晋三首相の成文憲法にこだわる憲法改正論がある。改憲論の中に二つの類型があるのかもしれません。
富岡　その意味でも、国体という言葉を、今一度考え直すことがとても大事になりますね。二十一世紀に新たな帝国主義の時代に入り、新自由主義とか、カジノキャピタリズム、グローバリズムの中で、国家の機能を強くしていこうとする。現代版ファシズムの到来を考えたときに、国体論をしっかりと押さえる必要がある。ファシズムに歯どめをかける、一つの重要な思考の材料になるのではないかと思うんです。
佐藤　日本人の普通の宗教観の人たちには、これがなかなか見えない。そのシステムの中にいると、自分の姿は見えないですからね。われわれキリスト教徒は、その意味においてはハイブリッド性があるんです。キリスト教は普遍的な要素があるので、どうしてもわれわれの中にアンビバレントな要素を抱えてしまう。だから、国体というものがよく見える。

キリスト者にとっての靖国問題

佐藤　国体が見えるようになるためには、例えばキリスト教徒で靖国神社に参拝することが重要になってくると思うんです。二礼二拍一礼などは戦前の神社参拝等の文脈があるので、強い葛藤がある中において、しかし、今の私の中では少なくとも自然である。その自然というのは、日本の行政官だったことと、ロシアにいたことが関係しているのだけれど、そこで私に浮かび上がったのは実は母親なのです。

私の母は、戦後、プロテスタント教徒でありながら隠れて靖国神社に参拝していました。それは沖縄の戦場で死んだ兵士や自分の姉が靖国にいると皮膚感覚で思っていたからでしょう。しかし、キリスト教徒として声に出してはいけないので、密《ひそ》かに行っていた。このアンビバレントな感情を、彼女は自分の中で整理しないまま持ち続けていました。その意味で、やはり私は母の感覚を継承しているのかなと思う。

私も富岡さんもおそらく一緒だと思うけれど、内発的に靖国に行くことはあっても、仮にこれが制度化して義務となったら、たぶん行かないと思うんです。

富岡　ええ、そうですね。

佐藤　ナショナルなものはそう簡単に乗り越えられるものではないんです。

富岡　キリスト者とナショナルなもの、――国体と言っていいと思いますが、それとのかかわりをどう考えるかは内村鑑三から出発した自分にとってやはり葛藤であり、課題であり続けています。戦後のキリスト者あるいはキリスト教会はそれをあまりやってこなかった。キリスト者の側からも靖国問題をしっかり議論する必要があると思うのです。

佐藤　そうです。歴史認識問題として、それは戦争への道だとか言われますが、それなら千《ち》鳥《どり》ケ淵《ふち》はどうなのか。千鳥ケ淵には千鳥ケ淵戦没者墓苑《ぼえん》があるけれど、千鳥ケ淵に対して抵抗を持っているキリスト教徒は少ない。しかし、無宗教的な形での死者への追悼はあり得ないわけですから、宗教行事で国家が主体となるのであれば、それこそ偶像崇拝です。

富岡　靖国問題の戦後の一つの起点としては、一九六九年六月に自民党が靖国神社法案を出します。

佐藤　国営化ですね。

富岡　国家管理をしようと、一九七四年まで数回にわたり審議しましたが、七四年五月に衆議院を通るものの参議院で廃案になっています。もし法案が通っていれば、われわれの立ち位置も大きく変わってくる。

佐藤　よくみんな勘違いするけれど、日本の場合には、戦前において国家神道は宗教ではなかった。国家神道とは、近代天皇制国家においてつくられた一種の国教制度です。神道的な実践を国民統合の支柱とするものの「神社非宗教論」の立場に立っています。ただ、日本臣民の慣習であるからみんな参拝しよう、となる。日本は、慣習という言い方一つで国教化できてしまうので、それが怖いんです。

富岡　国家管理になれば宮司が理事長になって、その理事長は総理が任命するという形になります。その問題も、議論が深められないでいる。一九七五年に三木《みき》武夫《たけお》首相が総理として初めて終戦記念日に「私人」として参拝した。ここから靖国問題が発生してきている。

佐藤　公人における公私の区別に関しては、大平正芳《おおひらまさよし》元首相の存在が重要だと思います。彼は日本キリスト教会の観音寺教会で洗礼を受けているのでプレスビテリアン、長老派です。一九七九年に総理として靖国神社を参拝し、プロテスタント教会から批判されました。彼が亡くなったときはキリスト教式で葬儀が行われました。いずれにせよ、彼の中において、神社に参拝することに対して、すごい葛藤があったと思うんです。

富岡　しかし、そこは言わなかった。

佐藤　言わないで亡くなってしまった。大平さんがもっと長生きして、オーラルヒストリーを残すとしたら、その中の一章として、キリスト教徒宰相、――キリスト教徒宰相は片山哲に続いて二人目ですね――キリスト教徒でありながら神社に参拝することをどのように整理したのか、もしくは、まったく整理しなかったのか。しかし、それをせざるを得ないという日本国の内閣総理大臣としての責務を感じていたでしょう。だからこそ、大平さんに、一人のキリスト教徒として、どのような葛藤を抱えながら神社参拝をしたのか聞いておくべきでした。

大東亜戦争をどう位置づけるか

富岡　靖国の問題は、今言った宗教と日本人のナショナリティの問題が出てくると思います。キリスト教の中で、――これは佐藤さんが前から注目されていますが、一九四一年十二月二十日、真珠湾攻撃の直後に刊行された魚木忠一の『日本基督教の精神的伝統』という本があります。彼は同志社大学の歴史神学の先生でもありました。

二〇〇五年に佐藤さんと出会った後、この本を送っていただいて、私も興味深く読みました。彼が言いたかったのは、純粋なキリスト教というものは存在しない。キリスト教はつねに類型的に理解するしかないとして、キリスト教の本質とそれぞれの地域、文化、ナショナリティに触れることによって「触発」が起き、例えばギリシャ、ラテン、ゲルマン、ローマ、あるいはアングロサクソンの類型として、キリスト教は現れる。そう考えると、日本にも特有の類型が考えられるだろう。日本的なキリスト教ではなく、日本基督教を考えなければいけない。それはシンクレティズム[*3]（混淆《こんこう》主義）とか、土着化といった問題もありますが、しっかりとした精神的宗教としてどう位置づけるか。仏教と神道と儒教という流れの中から、救済宗教としてのキリスト教をどのように捉えるかが体系的に書かれている。私はこれを読んで、とても驚きました。

しかし、戦後は『国体の本義』と同様にタブーとされ、無視されてきた経緯がある。魚木のこの本は、戦後の問題ととても大きくかかわってくると思います。

さらに加えると、戦争に入っていく一九四一年以降の時期、日本の哲学・思想は一つのピークを迎えます。具体的には、一九四一年に今西錦司が『生物の世界』を出す。ダーウィン流の西洋の進化論に対して、和の精神に基づく棲み分け理論を提唱し、日本の独自の進化論をつくった。一九四三年には、波多野精一が『時と永遠』という名著を出しています。波多野は明治以降にギリシャ哲学を徹底的に深め、キリスト教の理論を確実にしていった人です。アウグスティヌスやベルクソンとも比肩しうる、とてもすぐれた時間論です。また、一九四四年に鈴木大拙の『日本的霊性』。有名な本ですが、鎌倉新仏教を日本の宗教改革と捉えて、日本人のスピリチュアリズムを、武士のエートスと禅と浄土教からとっている。さらに、西田幾多郎の最後の論文『場所的論理と宗教的世界観』。これは西田の『善の研究』以来の主客未分化と西洋の哲学理論を融合したレベルの高い論文です。
明治以降の西洋の啓蒙主義の思想を食い破る形で、新たなオリジナリティ、日本人の西洋受容から独創的に転換していった思想作品が次々に出ます。私は、その一環に、この魚木忠一の『日本基督教の精神的伝統』を位置づけてもいいんじゃないかと思うのです。そう位置づけると、今挙げた著作も、敗戦という切断があったため戦後になってかなり忘れられている。これはとても残念なことで、今日、これらの著作から、もう一度考えるべきものが多くあると思います。

佐藤　興味深いのは、悪名高い『日本基督教団より大東亜共栄圏に在る基督教徒に送る書《しょ》翰《かん》』という一九四四年の書翰があります。この書翰はバルト主義者の山本和《かのう》、桑田秀延《ひでのぶ》、熊野義孝《よしたか》らが中心となって原案を作成し、日本基督教団統理者の富田満《みつる》の名前で送られた。しかし、魚木さんはこれに噛《か》んでいない。また、富田さんをはじめとして、戦後、占領軍への協力政策をとってくるけれど、彼はそれにも噛んでいなくて、戦後も日本精神のままでやっている。つまり、魚木さんは八月十五日の切断がない人なんです。
魚木さんはガリ版の教材プリントをたくさん残しています。彼は小学校を出た後、はんこ屋の丁稚《でっち》を長いことやっていて、そこでキリスト教に触れ、同志社に入りました。だから、ガリ版を切るのがうまくて、彼の教科書はとても読みやすかったといいます。彼の影響力が同志社の中でカッチリと残ったのは、ガリ版を削って、たくさん教材をつくっていたことも大きいと思います。
富岡　私はこの本を佐藤さんから教えていただくまで知りませんでした。魚木の神学は、まさに日本的なるものを正面から扱った問題です。
佐藤　特に仏教を高く評価しています。仏教の精神的伝統と、神道の精神的伝統と、儒教の精神的伝統なくして、日本のキリスト教はあり得ないとした。
富岡　仏教について、魚木は確かにはっきりと言っています。

〈日本を離れて基督教を考へることは無意味に近い業である。日本国民の宗教精神の触発といふ事実に基づかずして基督教を観ることは、単なる考古学と択ぶ処はない〉（魚木忠一『日本基督教の精神的伝統』）

この「触発」という言葉がおもしろい。
佐藤　「触発」という言葉を鍵に、キリスト教を理解しようとしたんですね。では、「触発」とは何か。一番わかりやすいのは、恋愛です。触発がなければ恋愛は始まらない。同じように、教師と生徒の師弟関係も、触発があるかどうかです。つまり、キリスト教においても、そこに触発されなければ、知識としていくら知っていても、それはキリスト教学と神学になってしまう。同書には、「教理或は神学などを過去よりの遺産として受けつゝも、理解的に之を深め、新らしい創造を営むことは、われらの権利であり又義務でもある。触発が入信、向信の原理であるといふことは、新らしい創造が期待されることに外ならぬ。此処に、日本基督教といふ名称を用ひる根拠がある」とあります。

富岡　日本の歴史の中での触発をもとに、日本基督教のあり方を追求しようとした。こういう営みがあの戦争の時期に集中して起こっていたということです。

佐藤　大東亜戦争を思想的に、あるいは神学者が神学的にどう位置づけるか。これはまさに生命がかかっている問題だから、そのときは本当に存在論的な思考をするわけですね。そうすると、今までのステレオタイプとは違う位相の話が出てくる。

それが国家主義に向かうと、田辺元の『歴史的現実』みたいな方向になるし、歴史的なダイナミズムを持つ方向になると、高山岩男《こうやまいわお》の『世界史の哲学』になっていく。

富岡　あの時期のものを、戦後、もう少し丁寧に再発見していくことが、重要な営みとしてあったはずですが。

佐藤　ここ二十年ほど、京都学派の高山にせよ、田辺にせよ、この辺を精力的に復刻している出版社はこぶし書房です。革マル派系の出版社です。田辺元の『歴史的現実』の解説は黒田寛一《ひろかず》、革マル派の創設者が書いている。だから、むしろその「触発」は革マル派にいっているのが、おもしろいところですね。
富岡　なぜ革マル派なんでしょう。
佐藤　革命のために命を捨てていく哲学が、いま必要なんだと思います。
富岡　思想は死を内包するということですね。
佐藤　革マル派は、死を内包するところまで内在化させることをマルクス主義の中に見つけられなかった。それを京都学派に見つけたんじゃないかなと思う。でも、このように思想が継承されていることは重要です。
富岡　前回も議論になりましたが、昭和の終わりから平成にかけて、オウム真理教事件の問題もそうですが、思想がはらむ死の問題から目を背けていくというか、それを見えないものにしていく社会システムが、広く漂っているように感じます。

戦後国体と日米同盟

富岡　平成の御代では天皇が生前退位されます。本来ならば、崩御して、大喪の礼があり、即位の礼があり、大嘗祭《だいじょうさい》があるという流れです。これには象徴天皇としてのあり方をどう捉えるか、天皇の考え方もあると思いますが、今までになかったことが起こります。

これは一つの国体のあり方です。白井聡さんが『国体論』で言っているのは、「菊と星条旗」というサブタイトルにはっきり出ているように、結局、戦後の天皇制、つまり天皇のあり方は、対米従属の中に組み込まれている象徴天皇であるということで、天皇のあり方を一貫してアメリカとの関係で論じています。

私は、それはアメリカをあまりにも過剰に見過ぎているのではないかと思うところがあって、本来象徴天皇が持っている国体の力、あるいは佐藤さんが読み解いた『国体の本義』に立ち戻れば、天皇ら皇統が持つエネルギーはもう少し強いと思う。

佐藤　そのとおりだと思います。これは、共産党が戦後、アメリカ帝国主義とそれに従属する日本の独占資本としました。白井さんの発想はそれに似ています。これに対して、社会党の左派と新左翼が、日本の独占資本はむしろ主体的にアメリカに従属している形であり、連携であると、日本帝国主義は自立していると主張しました。私はこちらのほうが現実的な見方だと思います。

その根っこは、戦後処理の問題にあります。私はポツダム宣言受諾のプロセスに戦後国体の原点があると思う。ポイントは外務省です。外務官僚が何を考えていたか。それはつねに国体の護持です。

戦況の悪化によりポツダム宣言を受諾するしかない状況に陥ったとき、国体だけは譲れないということがあった。ポツダム宣言に対し、当時の東郷茂徳《しげのり》外務大臣、松本俊一外務次官の大きな業績は、「国体変更なきことを了解として受諾する」と、「条件」という言葉を使わなかったことです。要するに、軍隊の無条件降伏はイコール国家の無条件降伏だから、条件をつけられる状態ではない。それに対してバーンズ回答は、天皇を含む日本の統治機構はGHQ総司令官にsubject toする。直訳すれば「隷属する」です。これを「制限のもとに置かれる」と訳して逃げ切った。間接占領の流れに持っていったんですね。

あのときに、例えばかつての企画院を吸収した軍需省があって国際情勢を理解していた文官たちもいたけれども、軍部が怖くて国体護持をきちんとしなかった。そこで日本の国体を護持して、特に戦後、共和制、共産主義の脅威から日本を救うためには、日米同盟を組み込まないといけない。あくまでも主体は日本国体で、そのアマルガムの中に日米同盟を組み込んだ。

そうすると、国際法優位の一元論と国体論の両方から、日米同盟のほうが憲法より上になる。そこにあるのは、対米従属ではなく、むしろ日本の天皇、皇統を生き残らせるために、アメリカをうまく巻き込んでいるという自己意識です。それは実態からあまり離れていない。

もう一つ、キリスト教の文脈では、ＩＣＵ（国際基督教大学）が重要になります。ダグラス・マッカーサーは日本をキリスト教化するためＩＣＵ設立に興味を持った。アメリカ側の募金の最高責任者はマッカーサーです。つまり、ＩＣＵはマッカーサーと高松宮《たかまつのみや》によってつくられた学校なのです。皇室関係者がなぜキリスト教の学校に子どもを送るのかと疑問視する人もいますが、戦後国体から見れば当たり前の話で、特に安倍首相のように復古主義的な流れが強い状況においてＩＣＵに送ることとは、天皇家が戦後国体のこの考え方の中にいることを示しているのではないでしょうか。

富岡　おもしろいですね。戦後、マッカーサー占領下においてキリスト教のとても強い布教活動がありました。マッカーサー自身、プロテスタントの聖公会で熱心なクリスチャンです。カトリック教会も、一九四九年五月に、当時のピオ12世の命を受けて、ノーマン・ギルロイという枢機卿《すうききょう》が来ています。フランシスコ・ザビエルが日本に来てちょうど四百年という大きな節目で、占領下で、敗戦の精神的な空洞の中で、キリスト教を日本に徹底的に広めようという普遍主義的なカトリックの戦略があった。実際、長崎の原爆の地でミサを挙げたりしています。そういうカトリック教会の日本布教があり、占領軍が国家主義の元凶として靖国神社の焼却の論議をしたのに対して、排除すべきは国家神道という制度であり、靖国神社ではないとマッカーサーに言ったのは、メリノール会とイエズス会の神父たちです。当時、宣教師は二千五百人ほど来日していて、キリスト教のブームを起こします。
佐藤　この観点で非常に興味深いのが正教会です。実は正教会の府主教が、終戦直前に死んでしまうのですが、モスクワから後継の府主教を送ろうとしたら、ＧＨＱがビザを出さない。結果、アメリカの亡命教会の管轄下に日本の正教会は入れられて、アメリカの管轄下で教会活動と布教活動をしていく形をとり、ソ連との関係を切ってしまう。占領軍はこうした手口で、正教会を含めてキリスト教の布教をし、共産主義国家の手から離した形で正教会を日本の中で育成する。それも占領軍の政策の一つでした。
富岡　戦後国体のあり方とキリスト教の密着はとても強かったと言っていい。これまであまり論じられてこなかったけれど、その流れで戦後国体をどう考えるかが、今問題になっているんですね。

生前退位がはらむ問題

富岡　佐藤さんご自身は、今回の天皇の退位をどのようにお考えですか。
佐藤　私は、この退位はとても大きな出来事で、易姓《えきせい》革命思想の部分的な投入だと思うんです。易姓革命とは中国古来の政治思想で、天の意思が変わったら地上の秩序も変わり王朝も変わる。つまり天命に背くなら、他姓の者が新たにその地位につくというものです。中国では易姓革命が普遍的な法則なのです。ところが、日本にはこれまで易姓革命がないことが特徴でした。

これに関し、北畠親房《きたばたけちかふさ》が興味深いことを言っています。武烈帝のような暴君、残虐な天皇に世継ぎができないのは、天の意思に背いた政治をしているからである。結果、今まで天皇家の幹だったものが細り、枝だったものが太くなって幹になる。つまり、武烈帝の系統はなくなり、継体帝が生まれる。その意味において、中国とは異なる、限定された形で同じ王朝の中で姓が変わらずに革命が行われる。すなわち、天の秩序の変化に応じて、地上においても放伐《ほうばつ》か禅譲《ぜんじょう》が起きるんです。

しかし、明治維新の時期に一世一元の制が実施されたことによって、放伐も禅譲も起きなくなった。完全に革命を封じたのが明治維新です。その意味で、明治維新は、明治の元勲たちがやった最後の革命だった。生物学的死によってしか改元は起きないし、生物学的死によってしかカイロスは変わらない。

ところが、今起きていることは一種の禅譲です。天の秩序が変わったことを天子が理解し、もう自分の時代ではないと禅譲する。禅譲があるなら放伐もあるわけですから、革命に道を開くことになる。これは、国体論においては潜在的に極めて大きい問題です。戦後レジームからの脱却で、反革命的な政権である安倍政権の時代に、革命が部分的に入ってきたと言えます。

富岡　おもしろい見方ですね。明治以降の天皇のあり方を抜本的に変えることは、反対に、明治以前の皇統の歴史とつながっていくということになります。

佐藤　むしろ明治より前との連続性がでてくるんです。

富岡　現在の上皇が皇太子時代に語られていたことがあります。

〈天皇と国民との関係は、天皇が国民の象徴であるというあり方が、理想的だと思います。天皇は政治を動かす立場にはなく、伝統的に国民と苦楽を共にするという精神的立場に立っています。このことは、疫病の流行や飢饉にあたって、民生の安定を祈念する嵯峨天皇以来の写経の精神や、また「朕、民の父母となりて徳覆うこと能わず。甚だ自ら痛む」という後奈良天皇の写経の奥書などによっても表れていると思います〉（昭和六十一年五月）

ここでは、近代の天皇制度のあり方を超えて、皇統の歴史の中から象徴という言葉の意味をこちら側に持ってきた。宮中で祈るだけではなく、実際に被災地に行き、被災者を見舞い、戦地への慰霊の旅を実践した。例えば、昭和六十一年に三原山が噴火して、大島の島民が千代田区の体育館に集団避難してきたとき、当時の皇太子であった上皇は慰問されました。疲れきって立てない島民の様子を見てとり、初めて膝を折って話された。これはおそらく皇統の歴史で初めてのことです。日本国憲法を遵守し、象徴としての天皇のあり方を大事にする。意識的に実践し、かつ一方では思想的、認識的にも、歴史の中に「象徴」という意味を掘り下げて求めていく。そして、今回の退位の決断があった。

佐藤　昨年（二〇一八年）、明治百五十年という一つの節目を迎えましたが、そこにおいて明治的な近代システムの中に包摂されている皇室、天皇ということだけでは維持ができない状況になってきている。万邦無比の我が国体であるから、それを維持するためには、より復古維新的な形で、未来としての過去も含んでいく。それが戦略を組み立てているのではなく、無意識のうちに行われているんですね。

富岡　それが上皇のいろいろな言葉や行動に出てきていました。

佐藤　朝日新聞が初めて生前退位を報道したときの朝刊一面は、異常な構成でした。宮内庁関係者への取材で「生前退位の意向」がわかったとしていながら、一方で、そういった事実はないと否定する宮内庁次長のコメントが出ている。同じ紙面の中で矛盾する記事が並んでいるんですね。それを紙面に載せる編集部の判断はどういうことだったのか。あの日、朝日新聞の中では大変なことが起きていたわけです。編集権が崩壊していた。今回のプロセスは明らかに憲法に違反しているけれども、憲法規範を超えることが起きても、メディアも容認し、国民も容認するというのは、われわれの集合的無意識に即しての行動です。

富岡　その集合的無意識なり、ナショナリティなりに対してどのような冷静なまなざしを持ち得るかが問われます。ある種の接線を引いて対峙していかなければいけない。靖国神社に行くときのキリスト者の意識と同じように、皇統に対して、日本人の歴史感情のあり方、無意識の動きや流れに、日本的な――鴨長明《かものちょうめい》ではないですけれども、行く川の流れのようになっていく、あるいは、丸山眞男《まさお》が「歴史意識の「古層」」で指摘した「つぎつぎになりゆくいきほひ」という日本人の根底に流れる国体をめぐる思想がせり出しています。

言い換えれば、ほとんどの日本人も、政治家も、この国体というものを見ようとしていない。それをやり過ごすことで、その歴史自体が、のっぺらぼうな空無な時間に飲み込まれつつあるのだと思います。

古川日出男『ミライミライ』が描く「もう一つの戦後史」

富岡　本日の課題図書である古川日出男さんの『ミライミライ』を読んでいきたいと思いま

す。

物語には一九四五年の敗戦から二〇一六年の約七十年間の時間が入っています。その時間が切断されたり、往来したりしながら再構成されていきます。ある意味、もう一つの戦後史です。第二次大戦直後にソ連軍が北海道に侵攻して占領を続け、一九五二年四月二十八日の講和条約と同時に、日本の自治政府ができます。ただ、ソ連の主権下にあります。同時に、日本本土はインドと連邦国家を形成していて、インディアニッポンとなっています。一方で、ソ連に統治された北海道では、解散を拒否した旧日本軍の兵士らが第二大日本帝国陸軍と名乗り、鱒淵《ますぶち》いづるを筆頭にゲリラ戦を展開します。そして現在では、二〇〇二年に誕生したヒップホップグループの少年たちの抵抗運動、あるいはその歴史がつづられていきます。

この小説は、戦後の歴史そのものを組みかえていく、ゲシュタルト変換を大胆に行っていて、決して荒唐無稽で終わらせていません。仮想現実によって、歴史の過去、現在、未来を捉える思考実験として、とてもおもしろい小説です。

佐藤　しかも、歴史的な根拠がある。例えばスターリンはトルーマンに対して、日本の北海道地域の一部の占領を要求しました。それは釧路《くしろ》―留萌《るもい》線を引いて、それより北側にはソ連軍を駐屯させろというものでしたが、マッカーサーもトルーマンも即時に却下したので実現しなかった。でも、もしそれを受諾していたらどうなったか。おそらく千島列島と北方領土、樺太《からふと》を統一して、日本民主主義人民共和国ができたと思う。その首都が釧路あたりにあったはずです。そうしたら、今ごろ鈴木宗男《むねお》主席のような人物が出てきて、それを相手に南日本国は相当苦労しながら、北日本との交渉をしていたと思います。十分あり得るシナリオです。

富岡　冒頭は一九七二年の札幌《さっぽろ》です。

〈むかしむかし、詩人たちは銃殺された。一九七二年の二月上旬のことだった。場所は豊《とよ》平川《ひらがわ》の左岸の河原、そこに三十二人が並ばされて順番に処刑された〉（古川日出男『ミライミライ』）

要するに、日本の詩人たちの反抗運動があって、それがソ連の処刑の対象になっていくのですが、この詩人たちは何を書いたかというと、抵抗詩であるけれども、同時に、北海道ですからアイヌのさまざまな要素を使ってそれを言語化していく。逆に言えば、ヤマトンチュ、ヤマト人である彼らが北海道にいて、ソ連の占領を受けるけれど、アイヌの伝承に寄生することで言葉を出していく。

ここには幾つもの層があって、支配する、支配される、文化的な搾取という層が三つ、四つ、重なっていく。そういう中から言葉を出していく。

〈たとえば札幌を歌う時、その地名から漢字を引き剝がせば――剝ぎ取って、無文字の音だけにすれば――Sat-poro または Sari-poro というアイヌ語が顕《あら》われ、それらの語は川を形容するものであり、その形容される川こそが他ならぬ豊平川であるように〉（前掲書）

これはまさに言葉そのものの重層性を同時に重ね合わせて書いている。多層的な国家のあり方、ナショナリティが幾つにも重なりながら構成されている。複雑かつ巧みな作品です。

佐藤　この小説はある意味ではポストモダンで、国境の意味が薄れてくる世界であると同時に、プレモダンな帝国でもある。すなわち、ここで暗示しているのは、北海道は植民地だということです。それが二重の植民地の状態にある。印日連邦とソ連の両方の植民地である。今の沖縄がアメリカと日本の二重の植民地状態であることと非常に似ています。

なぜなら、制度的に見た場合、沖縄県と北海道は自分で予算を組めない。北海道の場合は、国土交通省の北海道開発局が予算を組みますし、沖縄の場合は内閣府の沖縄担当が組む。これは植民地予算の典型で、君たちには予算を組む能力がないから、われわれが代行するというシステムです。植民地行政の代行システムは、高等弁務官がいて代行するという典型的なシステムですから、その意味において、今の日本に植民地システムがあるということの色合いを濃くしていくと、この『ミライミライ』の世界になる。だから、小説では北海道を描いているけれども、同時に、構造としては沖縄でもあるんですね。

富岡　そう思います。古川さん自身が、新潮社の広報誌「波」で後藤正文さんと対談しているのですが、そこでこう言っています。

〈最初は北海道を書くつもりはなかったんです。これまで、自分がわかる土地として書くには津軽海峡がリミットだと思っていた。でも後藤さんに一緒に沖縄を見て欲しいと言われたときに、ふと「次作では北海道を書くんだ」と悟った〉

〈沖縄で戦跡や基地を一緒に見て、アジカンのライブも見ましたが、その体験の前ですね。沖縄を見るということになったときにもう、鏡の中で反転された像みたいに北海道が見えてきた〉（「波」二〇一八年三月号）

最後に沖縄がすこし出てきますが、この小説のアクチュアリティには、今の沖縄の置かれている日本との関係の問題が内在されていると思います。

天皇が琉歌を詠む意味

佐藤　私の場合、母親のルーツが沖縄なので、沖縄人と日本人の両方のアイデンティティがありますが、どちらかを選べといわれたら沖縄人のアイデンティティを選びます。その気持ちが強くなったのは外務省にいたときです。外務省に在籍していたときに、なぜ北方領土問題の解決に必死に取り組んだかというと、私の意識の中に沖縄の存在があったからです。北方領土には、沖縄の復帰前の状況と同じ日本の問題がある。あと、先住民族であるアイヌの土地としての北方領土の回復の問題もある。それは、単純に取られたものを取り返すことではない。論理の組み立てには、沖縄の存在がとても強かったわけです。

また、私は自分をビーイングで日本人と規定できない。私の場合は沖縄にルーツがあるから、生成概念でビカミングになる。境界線上の人間です。日本人性が自明じゃないから、ある意味日本を過剰に意識する。同時に、沖縄に住んでもいないので、こちらも自明ではないから沖縄を過剰に考えるわけです。そういった過剰性が『ミライイミライ』の中で上手に描かれている。

富岡　それはヒップホップグループの子どもたちも、ラップの言葉の中からそういう過剰性を繰り出していきます。その描き方も、私は成功していると思いました。

佐藤　もう一つはリズムです。

少し話は変わりますが、現在の上皇と上皇后は琉歌《りゅうか》を詠みますよね。その場合、何が一番重要かというと、リズムです。琉歌の基本は、本土の短歌や俳句などの定型である五七五七七ではなく、八八八六なんです。定型を反転して七五七五にすると、新体になり「酒は飲め飲め、飲むならば」とか、「われは官軍、我が敵は」と、身体性をもって勇ましくなるけれども、沖縄にはそのリズムがない。八八八六、八八八六という組踊《くみおどり》のリズムです。琉歌をやるときの難しさはこのリズムにあるのですが、上皇においては、そういった沖縄のハイブリッド性、日本と根本的に違うリズムを持っているという認識があって、意図的に琉球語をマスターして、琉歌を詠んだのです。

政治にその発想はあるのか。二〇一八年急逝した翁長雄志《おながたけし》前沖縄県知事が、日本の政治の最大の問題は愛がないことだと言った。これは一種の国体論です。異質な空間、外部空間を包摂しているという感覚はあるのかを問うことが、翁長氏の問題提起だったんです。上皇はそこをわかっていた。わかっていることを、琉歌を詠むという行為によって示された。天皇が琉歌を詠むということは、沖縄においては大きい意味がある。新天皇が、あるいは雅子《まさこ》皇后が、琉歌を詠むかどうかに、私は注目しているんです。

『ミライミライ』に話を戻せば、この琉歌と和歌の違いと同様に、北海道に土着したラップのリズムをつくるという、リズム感覚が優れているんですね。
富岡　この小説を音読すれば、また別の言葉の立ち上がり方をすると思います。かなり立体的に北海道、インディアニッポン、沖縄という構図が見えてきて、それ自体が「ミライミライ」でもあるし、「昔々」でもあるし、そして「今」でもある。
佐藤　三つの時間を同時的に描くことは、古川さんの特異な才能によって可能であった。『ミライミライ』は戦略的によく組まれているし、何よりも古川さんはよく勉強されていると感じました。それを衒学的《げんがく》にひけらかすことなく、しかも難解な言葉も使わない。徹底的に言葉を削《そ》いでいるんです。
富岡　アイヌ語、もともと無文字社会と音と言葉がどうつながっていくか。そのリズムの中で揺らされて出てくるところが興味深かったです。

沖縄の「不服従抵抗」

富岡　佐藤さんは『宗教改革の物語　近代、民族、国家の起源』でチェコのカレル（プラハ）大学学長だったヤン・フスを中心に、十五世紀の宗教改革についてお書きになっています。

フスは教会改革者であったイギリスの神学者ジョン・ウィクリフの影響を受け、当時混乱に陥っていたカトリック教会に本来の教会のあり方を提言したことで、結局、異端裁判にかけられ、火あぶりで殺されます。それが次の十六世紀のルターやカルヴァンの宗教改革につながっていきますが、チェコが一つの国家というかナショナリティを持つときに、ヤン・フスといういわばチェコ人の源流の一つの核がナショナリティを引っ張って、近代の国家になっていく。きょうの国体論にも言えますが、民族の核というものが大事であり、フスの場合はヨーロッパですから、プロテスタントという神とのかかわりのうえに、国家が出てくる。

佐藤さんはこのご本の「まえがき」で沖縄に触れていらっしゃいます。沖縄が今置かれている状況を考えると、古川さんの小説でも最後に沖縄が出てきましたが、沖縄の位置を日本人は十分に捉えていないし、その代わりと言うか――セジ、霊の力というんでしょうか、これが目に見えない形で沖縄と沖縄人を守っているということですね。

佐藤　セジは、沖縄、奄美《あまみ》の島々に伝わる古謡集『おもろさうし』によく出てきます。セジとは何かというと、例えばインクの出が悪いボールペンが急によく書けるようになったら、セジがついたと考える。ナイフがよく切れるようになったら、セジがついた。今まで怠惰な人間が急に勉強し出したら、セジがついたと考えるんです。しかし、これは一定期間しかつきません。だから、前沖縄県知事の翁長雄志が政府に対し持っていた力は、セジがついたんです。冷淡な本土の政治にきちんと異を唱えた。

富岡　沖縄は戦後、米軍基地問題を中心に、政府、国家とのやりとり、対立があった。また、中国との尖閣諸島《せんかくしょとう》の問題もある。危機の時代と言っていい今、その危機のときにこそ目に見えない霊力、セジがついてくるんですね。

佐藤　そう思います。沖縄には「なんくるなっさー（何とかなりますよ）」という楽観主義があると同時に、沖縄独自の抵抗形態があります。それは我慢することです。我慢して抵抗する。面従腹背、不服従抵抗です。沖縄が一番フィットするのは、マハトマ・ガンディーです。

富岡　無抵抗主義、無抵抗という抵抗ですね。

佐藤　一六〇九年の薩摩《さつま》の琉球侵攻で、中山《ちゅうざん》王府は一貫して和睦を求める方針をとり抵抗を試みなかった。尚寧王《しょうねいおう》は薩摩に拉致され、その後、江戸に連行されます。帰りに反省文を書かされて、それに署名しろと命令されますが、三司官という琉球王国の宰相職の一人が署名を拒否し、その場で処刑されてしまった。尚寧王はその後、琉球に戻ります。

沖縄では肯定的な価値を指して、「ぬちどぅたから（命こそ宝）」と言う。長いものには巻かれろ、命を持っていかれたら元も子もないから、と。しかし、それは、諦めることではなく、諦めずに我慢しているんです。
富岡　霊力、セジも含んだ沖縄の面従腹背というのか、日本、国家に対する一つの別な塊としての意識が強まっていますね。
佐藤　例えば、沖縄独立論を考えた場合、潜在的にはその意思があるかもしれませんが、沖縄人の率直な見解は、沖縄はヤマトによって独立させられた時期があるということです。一九五二年から七二年まで、沖縄は独立していた。日本国憲法の外にあることによって、信託統治すらされず、高等弁務官の人的支配で、子どもが強姦《ごうかん》されてごみ箱に捨てられても、何の異議申し立てもできなかった。それが独立の実態です。
　沖縄の独立論がある一定のところで力を持たなくなるのは、日本から独立していた経験があるからです。アメリカと日本と中国という巨大な帝国主義国の間で独立していくことは、一九五二年から七二年の、国旗もなく、自分たちがどこの国に存在するかわからない、あの時代と変わらないのではないかと皮膚感覚でわかっているんですね。自己決定論まではいくけれども、その先の独立までには至らない。むしろ独立の方向にいくのは、日本によって独立させられる局面が来るかもしれないから、それに備えておかなければという危機感の顕われだと思う。こんな調子で切り捨てられるようだったら、最終的に日本から独立させられてしまう可能性がある、と。

国家とどう付き合うか

富岡　佐藤さんは先ほど沖縄のアイデンティティを選ぶとおっしゃいましたが、ご自身は国家とどう接したのでしょうか。一つは鈴木宗男さんとの関連で二〇〇二年五月に逮捕され、東京拘置所に入れられた。そのときの身体感覚、皮膚感覚として、国家とどう付き合うかということがあったと思います。

佐藤　それには既視感がありました。なぜかというと、ソ連共産党の幹部が、体制が変わって逮捕されたでしょう。私の友人でも逮捕された人が何人かいます。次にエリツィン政権になって、大統領派と議会派の対立で、議会派幹部が逮捕される。ソ連を見ながら、きのうまでの仲間、きのうまで称賛されていた価値が一転し、しかも政治責任だけでなく、刑事責任までとらされる現実を目の当たりにした。おっかないところだなと思っていたけれど、日本もソ連やロシアと一緒だったんだと悟ったんです。国家には普遍的な法則がある、と妙に納得していました。

富岡　お母様は十四歳のときに沖縄戦を体験されていますが、国家との接触のあり方が、お母様の沖縄戦体験と佐藤さんの獄中体験と重なり合う気がします。

佐藤　そう思います。鈴木宗男事件を経験して、国家とどう付き合うかという問題意識が強くなった気がします。

また、父と母の戦争体験はとても大きかったと思う。二人は、たぶん勉強は好きだったし、頭のできは悪くなかったと思う。時代状況によっては高等教育を受けることができたかもしれない。ところが、戦争でその機会を奪われてしまった。ただ二人は、私の勉強に対しては応援してくれました。父も母も異口同音に、高等教育を受けて学問をもっているかどうかは命にかかわると言っていた。なぜなら、戦争時、高等教育を受けていた人間たちは、戦争が負けるとわかっていたからだといいます。もっとも、父は兵士でしたが、通信隊に配属されていて、隠れてニューデリー放送の日本語放送を聞いていたし、ポツダム宣言もリアルタイムで知っていたんです。

富岡　それはすごいですね。

佐藤　母親は、東京外事専門学校卒の通訳兵に耳打ちをされ、「戦争のときは守らないといけない法律がある。米軍は、女子どもは絶対に殺さない。だから、捕虜になって生き残りなさい」と言われたそうです。

高等教育を持っている人間は全体像が見える。また次にどういう時代が来るかわからない。そのときに情勢を判断できるようなところで、一番重要なのは教育だ。だから、やりたい勉強を一生懸命にしなさい、と。

富岡　それは教育の本質というか、本来あるべき形ですね。

佐藤　国家はいざというときに助けてくれないという考えは、父も母も一緒だった。母親は、国家というものに対して批判的な目を持つ仕事、私がジャーナリストになることを望んでいた。父親は、「政治にもジャーナリズムにも一切さわるな。重要なのは技術を持つことだ。自分が家庭を持ったときに、家族だけは食べさせていけて、人に迷惑がかからないようにする。お母さんから見るとスケールの小さい話かと思うけれども、俺はそれを優君に一番望んでいる。とにかく人に迷惑はかけないで、自分の技術で食べていける。その技術が一級のものであれば、どんな政治状況になっても、あるいは日本を出ても、その技術で生きていけるから、理科系に進んで何でもいいから技術を身につけろ」と。

富岡　手に職ということですね。

佐藤　親の言うとおりには、まったくならなかったんですけどね（笑）。

富岡　でも、国家に対する非常にビビッドな感触というか感覚は、ご両親から受け継いだ。

佐藤　そう思います。ただ、二人とも日本国家は好きなんです。そういう意味で、父も母もアンビバレントです。日本国家と日本人に対して、二律背反的な感情を持っているんです。

富岡　キリスト者もそういうところがありますね。

佐藤　キリスト教がフィットしたのは、親たちのそういう生き方を見ていたのが関係すると思います。親による情報空間は、意外と無視できない。
富岡　家族や肉親という、そういう単位として考えてもいいですかね。
佐藤　かもしれないし、接触時間に関しては、よく話す家族とあまり話さない家族とではだいぶ違うと思います。よく話す家族においては、父親なり母親なりの後ろにある先行思想が、子どもに無意識のうちに継承されていくんでしょうね。

今も続く差別の構図

富岡　それは沖縄の文化が集合的無意識みたいに入ってくるところがあるのだと思います。それで思い出したのは、一九六七年に芥川賞を受賞した大城立裕《おおしろたつひろ》さんの「カクテル・パーティー」です。まさに米軍統治下の沖縄を舞台に、主人公は沖縄人で、友人にアメリカ人、大陸から亡命した中国人、本土の日本人がいる。その友人のアメリカ人の将校から基地住宅（ベースハウジング）でのカクテル・パーティーに誘われ、友人たちと酒を酌みかわし、自由に語り合っているけれども、主人公が家に帰ると、娘が知り合いのアメリカ兵に強姦されたことがわかる。そのうえ、娘が、襲ってきたアメリカ兵を崖から突き落として、大けがをさせてしまっていた。

そうした出来事をきっかけに、国家間の問題に発展していきます。結局、米軍が扱う暴行事件の裁判、琉球政府が行う娘の傷害の裁判に入っていく。主人公は友人のアメリカ人に相談を持ちかけますが、自分はアメリカ人だから援助はできないと協力を拒まれます。また、亡命している中国人に同様に相談するものの、かつて重慶の近くの町にいたとき、病んで伏せっている自分の妻が日本の軍人に暴行された事実を明かされる。国家と国家の関係が、幾つもの層で顕わになっていきます。


佐藤　そのときにあなたは何をやっていたか。沖縄の加害責任も問うているわけです。

また、おもしろいのは文体で、前章と後章で語りが変わります。前章での語りは「私」が主ですが、後章は「お前」という呼びかけになる。それは外部からの神の声です。

さらに興味深いのは、米軍のＣＩＣ（インテリジェンス将校）の名前がミラーだということです。大城さんは「僕はそこまで考えないで書いたけど、言われてみるとそうだ」とおっしゃっていましたが、パーティーに出てくる肉料理は七面鳥と鶏がメインで、豚肉が出てこない。つまり、ミスター・ミラーはユダヤ人であることがある程度想定される。実際、ミラーという名字は、ユダヤ人に多いんです。そうすると、パーティーを主催するミスター・ミラーは、友人たちに友好親善だと言っているけれど、彼自身が被差別の枠の中にいるアメリカ人であるという重層性もある。

富岡　その重層性を見事に描き切っている小説ですね。この小説の後、七二年に沖縄は復帰しますが、基本的な構図は「カクテル・パーティー」以来、変わっていません。

佐藤　今もカクテル・パーティーは続いているんです。「カクテル・パーティー」には戯曲版もありますが、小説から三十年ほど経って新たに書き下ろされたものです。それは、一九九五年にワシントンのスミソニアン博物館で原爆展を企てたものの、退役軍人に猛反発をくらったという事件を知った大城さんが、この現象に「カクテル・パーティー」をかかわらせようとしたと言います。戯曲版では、暴行された沖縄人の娘が大人になり、ミスター・ミラーの子どもと結婚している設定で、娘はアメリカに移住しています。もう日本には住みたくない、と。スミソニアン博物館において原爆展ができないことをテーマに、カクテル・パーティーは現在も続いているという続編です。

富岡　それは知りませんでした。大城さんは今（二〇一八年）、九十三歳です。二〇一五年には『レールの向こう』という私小説のような短篇《たんぺん》集を出されています。

佐藤　私小説は彼の初めての試みです。

富岡　その中の一つ「エントゥリアム」は、ハワイの移民一世の話です。祖父がハワイに移民として行き、その後、沖縄とは連絡をとっていない。その祖父に死が迫り、迎えに行く孫の話です。大城さんの中で「カクテル・パーティー」以来のテーマ、沖縄と祖国、あるいは移民の問題などが重層的に描かれた感動的な作品でした。

きょうは国体の話をしてきましたが、過去から現在の文学が、今の国家が抱える沖縄や北海道の問題のあり方を、政治的な視線だけでなく照射し続けているのは大事なことだと思いました。

＊1 蓑田胸喜――一八九四（明治二十七）年～一九四六（昭和二十一）年。反共産主義、右翼思想家。熊本県生まれ。東京帝国大学在学中に国粋主義の学生団体・興国同志会に入り、一九二五年原理日本社を創立し「原理日本」を刊行。天皇機関説、すなわち天皇は統治機構の一機関であるとした美濃部達吉の学説への批判と天皇機関説提唱者の帝国大学追放にはじまる、一連の大学・知識人への粛正運動の中心的人物となった。慶應義塾大学予科教授、国士舘専門学校教授を務める。一九三七年に結成された国際反共連盟の評議員となる。終戦後、熊本にて自殺。

＊2 和辻哲郎――一八八九（明治二十二）年～一九六〇（昭和三十五）年。哲学者。兵庫県生まれ。一高を経て東京帝国大学哲学科卒業。一九一三年『ニイチェ研究』を出版。法政大学教授、京都帝国大学教授を務め、西洋

哲学と日本の思想風土との合流のなかに文化論、倫理学の確立を目指した。『古寺巡礼』『風土』などの著作で人気を博し、『倫理学』は近代日本の倫理思想の体系的な哲学書と評価されている。ニーチェ、キェルケゴールなどを受容しながら、和辻は日本主義の哲学的支柱として『国体の本義』の執筆に参画するが、「近代欧米思想」と万古不易の神話的な「国体」思想の葛藤と矛盾とは、和辻の哲学思想の不徹底を反映しているといえなくもない。一九五〇年日本倫理学会を創設。一九五五年、文化勲章受章。

＊3　シンクレティズム（混淆主義）―宗教がその民族や共同体のなかで混淆したり習合する現象。プルタルコスが、クレタ人が仲間同士でいつも喧嘩しているのに外敵が来るとそれに対抗するために団結する習慣を、シュンクレティスモスと説明したことに由来。神学的には本来別なる宗教や信仰、信条や行為が混淆するという意味で、否定的なニュアンスを持っているが、文化論としては宗教の混合は歴史上いくつもの実例を見ることができる。

Ⅳ 格差社会を超えて

「国家」から「社会」へ

富岡　これまで、ソ連を中心にした社会主義体制の瓦解、冷戦終結以降の資本主義が、グローバル化の中でカジノキャピタリズムというマモンの暴走を呈して、経済のみならず、社会の急速な不安定化をもたらす、その危機の実相を論じました。

また、そうした不平等や格差をもたらす社会を是正しようとすれば、必然的に国家の機能を強化することになります。すると、暴力装置たる国家が経済に干渉することになる。平等にしようとすると、どうしても国家社会主義的な方向性になり、ムッソリーニのファシズムやスターリニズムといった全体主義へと流れていく。そうなったときに国家をどう捉えるべきかを考え、「国体」という言葉からさまざまな解釈を試みました。

最終回となる今回、そうした危機をさらに具体的な現実を踏まえて考えていきたいと思います。

佐藤　つまり「国家から社会へ」というベクトルについて検討するということですね。もう一度、社会という観点で見直していく。日本人の場合、最大の問題は、「国家」と「社会」の原理的な区別がついていないことです。ここではアーネスト・ゲルナーの『民族とナショナリズム』を援用するのが一番いいと思う。

われわれの世代には、まだエンゲルス流の唯物史観の影響が残っています。原始共同体から奴隷制になり、封建制になり、資本主義になる。マルクス主義者はその先に社会主義、共産主義がついてきます。これはアメリカの文化人類学者ルイス・ヘンリー・モルガンの『古代社会』に影響を受けたマルクス、エンゲルスが原始共同体を発展させた考えで、実証的には存在しない原始共産制というものを想定してしまった。正反合のプロセスを経て、もともと所有がなかった、としたことに始まります。

しかし、実際は原始的な共同体でも所有はあったようです。『民族とナショナリズム』で言っている歴史の三段階発展説では、まず「前農耕社会」、すなわち狩猟・採集社会です。人間は社会的動物だから社会はあるけれど、ここには国家はない。その次は「農耕社会」。当然社会はあるけれど、メソポタミアや古代シナ帝国のような巨大帝国がある場合もあれば、中世の農村や日本の戦国時代の農村のように、自給自足して、国家がない場合もある。そして「産業社会」です。産業社会においては、必ず国家がある。『民族とナショナリズム』は東西冷戦期に書かれているので、資本主義、社会主義といった区別にとらわれずに社会をよく見ています。

われわれのように産業社会で生活している人々は国家と社会を一緒くたに見てしまうの

で、社会なしの国家は考えられない、国家なしの社会は考えられない状態に陥っている。ですが、実際には、私の皮膚感覚において、一九九一年八月のクーデター未遂事件から一九九三年の十月ぐらいまでは、事実上、ロシアは国家不在の状態でした。

富岡　ソ連の崩壊期ですね。

佐藤　そうです。しかし、社会は機能していた。日本においては短期間ではあるけれども、東日本大震災のときがそうです。震災後、東北地方の一部地域で国家機能は停止していましたが、人々は人々に対するオオカミにはならず、社会は機能していた。そこに社会を垣間見《かいまみ》ることができるのです。それも、ある瞬間だけにです。ただ、産業社会において、原則、われわれは社会というものを国家抜きで知ることができない。社会を知るためには知的な操作が必要になってくるわけです。

新自由主義的な価値観が生む絶望

富岡　その意味では、日本は敗戦直後も国家があったわけですが、占領期を経て主権回復を果たした後もアメリカとの関係を考えた場合、従属的な半国家である。さらに、平成の三十年を見ると、対米関係だけでなくグローバリズムの中で国家機能が弱体化していき、社会の問題が前面にせり出してきました。

そして今、われわれの目の前にあらわれているのは社会の格差です。社会学者の橋本健二氏によれば、平均個人収入で百八十六万円程度のアンダークラス（パート主婦を除く非正規労働者）が、社会の中にはっきりと目に見えてきた。そういう相対的貧困の中で暮らす、特に子どもの姿が、今まさにわれわれの前に、平成の三十年間の中にあらわれてきている感じがします。

佐藤さんが、臨床心理士の池上和子《かずこ》さんと対談されている『格差社会を生き抜く読書』を興味深く読みました。佐藤さんは同書の中で、こうおっしゃっています。

〈若いうちに新自由主義的な価値規範を内面化し、自縄自縛になって動けなくなる子どもが増えているように思います。こうした傾向は、ここ20年ほどの新自由主義的なプロセスの加速とすごく関係していると思います。早いうちから自己責任などの価値観を刷り込まれると、「自分が大変な状況に陥ったのは、自分のせいなんだ」と思い込んでしまう。このような価値観を転換させるためには、「自分が困窮状況に陥っているのは、すべて社会構造のせいなんだ」という方向に持っていくしかない。これは逆にイデオロギー過剰になるので、あらゆる問題は自助努力の欠如という側面と社会構造の歪みに起因する側面の、両面をあわせもっている。その両面を考慮しつつバランスをとって、自らが直面する問題を分析することはなかなか難しい〉（佐藤優、池上和子『格差社会を生き抜く読書』）

この発言はとても重要です。

佐藤　ありがとうございます。私がここで念頭に置いたのは、スペインの哲学者ホセ・オルテガ・イ・ガセットです。『ドン・キホーテに関する思索』に書かれている「私は、私と私の環境である」というテーゼです。マルクス主義者は、人間は環境によって規定されるとして、個人の要因を軽視します。これに対して、実存主義者は徹底的に私に固執します。これだと人間が社会的動物だという要因が抜け落ちてしまう。オルテガの「私は、私と私の環境である」というテーゼがもっとも現実に即していると思います。

富岡　なるほど。私はキェルケゴールの『死に至る病』を思い出しました。キェルケゴールの有名な言葉ですが、「死に至る病とは絶望のことである」と書いている。平成が終わろうとしている今、顕現化した問題とは、子どもや若い人が新自由主義的な価値観を内面化していった、そのことに尽きると思う。

これまで議論してきた新自由主義的なものが生んださまざまな歪みは、経済も含めて、若い人の心に、これは造語ですが悪魔的受肉（受肉＝インカーネーション）とも言うべき状況をつくってきました。もちろん佐藤さんは常々「真理は具体に宿る」とおっしゃっていて、相対的貧困の具体的な部分もこの本では論じられています。しかし同時に、精神というか子どもたちの内面、悪魔的受肉をされた絶望というものが色濃く出ているように感じるのです。

キェルケゴールによれば、絶望には三つの形態があります。一つ目は、絶望して自分を否定しようとする絶望です。先ほどの話で言うと、自己責任と感じ自分を追い込んでいくものです。二つ目は、逆に自分が困窮状態に陥っているのはすべて社会構造のせいであると、自己主張を巨大化していく形の絶望。三つ目は、自分が絶望していることを知らない絶望です。

こういう絶望の形態が、この三十年の国家と社会のずれと軋《きし》みというか、さまざまな問題の中で発生しました。記憶に新しいところでは、二〇一六年七月二十六日に相模原《さがみはら》の知的障害者福祉施設「神奈川県立　津久井やまゆり園」で、元施設職員だった男が、入所者十九人を刃物で殺害した事件があります。殺害した理由は、入所者とは意思疎通ができないからだと言う。新自由主義的な価値観を受肉した一つの悪魔的な行動です。しかし、これは決して特殊な例ではなくて、今われわれの目の前の子どもたちの現実でもあると思うのです。

佐藤　この事件は事実問題として人を殺しています。しかし、権利問題として見るならば、ナチス法のもとにおいては容認される価値観かもしれません。つまり、生産に貢献する者が民族の血と土のためになり、フューラー（総統）のためになる。フューラーのためにならない者は自発的に断種をしないといけない。自発的に命を絶つことによって、規範として共同体に貢献できるのであれば、権利問題として容認、奨励される価値観でもあるわけです。

だから、極端に言えば、彼のやったことを狂気という形で括《くく》ってしまいがちですが、もし三十年後、五十年後に、新自由主義的な価値観で人間の有用性という観点、座標軸だけになってしまうと、例えば薬品を飲む、飲まされる、麻酔注射を打つ、打たれるといった具体的な形で、人間の生殺与奪の権利がどうなっているのか。その可能性をまったく否定できないところに、この事件の恐ろしさがあります。

しかも、この男は高等教育を受けている。また、衆議院議長公邸を訪れて、自分の考えを書いた手紙を職員に渡し直訴しようとした。つまり、政治的な舞台に乗せようという努力もしていた。彼が提起している問題を正面から受け止めなければならないのに、事件そのものを狂気によって吸収してしまう。それによってわれわれは思考停止に陥ってしまうのです。

富岡　この事件は狂気というレッテルを貼って終わりではない。例外として見られない問題なんですね。今おっしゃったような形での可能性はこれから強く出てくると思います。反対に、例えば福祉社会とか高齢化社会に対して国家機能を強くしていけば、当然先ほど申し上げたような国家主義的なものになる。ナチズムでいえば優生思想ですね。

佐藤　必ず出てきます。

富岡　さらに、安楽死等をめぐり、官僚主義的な中で一つの装置として動いていく「社会」が出来《しゅったい》してくるだろうということもあります。

外国人労働者受け入れの問題

佐藤　今お話を伺いながら思いついたのですが、こんなマトリックスがあるのではないでしょうか。縦軸は生産性の高と低、横軸はその人が感じている快適さです。快適感が高く生産能力のある人を、世の中はエリートとかハイパーとか言います。それに対して、生産性は高いけれども不快に思っている人、苦しいと思っている人たちをワーカホリックと言っている。不快に思っていて生産性が低い人たちをバーンアウト、燃え尽き症候群と言い、生産性が低く快適に会社にいる人たちをマイペースと言う。

新自由主義的な価値観の下では、結局、横軸より上の人間以外、要らないということになってしまいます。エリートを目指す形でやっていても、実際には無理が生じワーカホリックになってしまう。しかも、ワーカホリックも長時間続かないので、必ずバーンアウトしてし

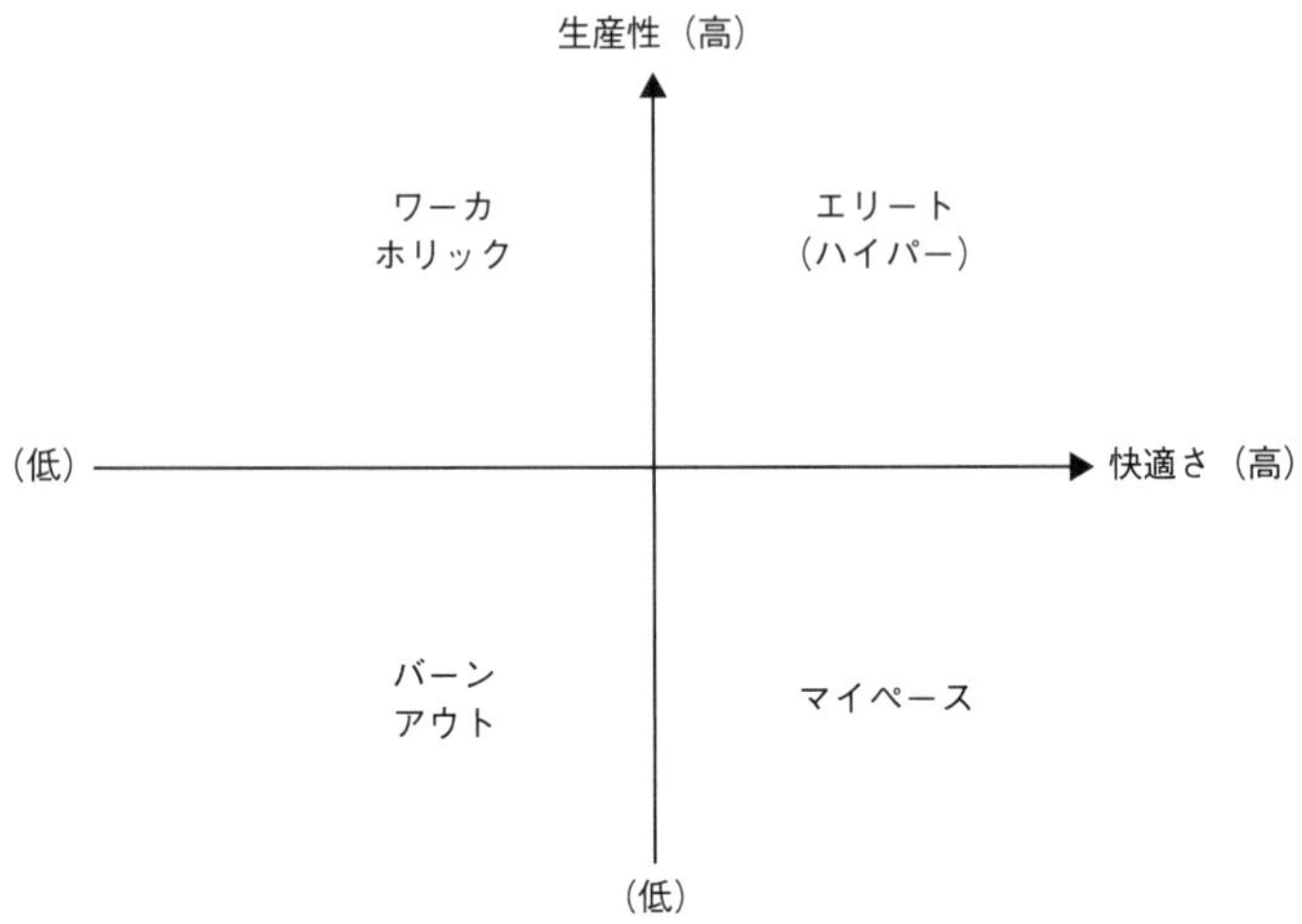

まう。これは廃棄を意味します。しかし、新自由主義的でアトム的なものは代替可能ですから、ここに個体を新たに入れる。そして、マトリックスのどこに入りますか、と聞くけれど、バーンアウトとマイペースだったら要りません、こういう世界になってきているんですね。
　こういう価値観が刷り込まれてしまって、みんながエリートにならないといけないという強迫観念にとりつかれる。日本人もそうだけれども、外国人労働者を受け入れるのも、日本人もそうだけれども、外国人も含めて、代替可能な部品であるという発想だと思うんです。

富岡　現にそういう社会になっていますね。

佐藤　だから、相模原事件の彼が言っているのは、バーンアウトに入っている人間は、本人も生きていてきっと苦しいだろうから、早く取り除いてしまいましょう。そのお手伝いをしただけです、という理屈だと思うんです。ニートのやつらはけしからぬ。ふらふら遊んでいるやつはけしからぬ。そういう形での社会の圧力がすごくかかっていると思うんです。

富岡　二回目に取り上げた村田沙耶香さんの『地球星人』はまさにその圧力に抗する究極の「自由」の問題を予兆的に書いていたと思います。

現実に外国人労働者の受け入れは、入管法（出入国管理法）を改正し、初年度の人手不足を六十一万から六十二万人と試算しています。厚生労働省の二〇一七年の統計では、現在国内で働く外国人は百二十八万人ですが、二〇一九年度からの五年間で人手不足は約百三十万から百三十五万になると見込んでいる。

しかし、ヨーロッパではすでに外国人労働者の問題が出てきています。私は一九九一年にドイツにいましたが、その年は再統一ドイツ二年目でした。統一の熱狂はありましたが、同時にトルコ人労働者がたくさん入ってきていた。ドイツのキンダーゲルト（児童手当金）は、子どもが生まれてから十八歳になるまで、教育中ならば二十五歳まで支給されることになっていて、しかも、ドイツ国籍者だけでなくドイツに在住する外国人も対象になるのです。問題は、ドイツ人の家庭には子どもが少なく、トルコ人の家庭には多かったことでした。支払い金をめぐるドイツ人の不満が噴出し、トルコ人の家が焼き討ちに遭ったりしたんです。

当時の大統領はリヒャルト・フォン・ヴァイツゼッカーでした。そのとき、強く印象に残ったのが、ヴァイツゼッカーが「これは外国人問題ではなく、人間の問題である」とはっきり言ったことでした。

ヴァイツゼッカーは一九八五年、第二次大戦が終わって四十年の節目に演説をしていて、日本でも『荒れ野の40年　ヴァイツゼッカー大統領ドイツ終戦40周年記念演説』として訳されています。聖書的なバックボーンを有し、旧約聖書の出エジプト記を引きながら、ユダヤ人が四十年間荒れ野に留まっていなければならなかったという話の中で、四十年を一つの区切りとして「戦後」を克服しようと、アンビバレンツなものを抱えながらも、これからの時代、若者たちに「他の人びとに対する敵意や憎悪に駆り立てられることのないようにしていただきたい」「若い人たちは、たがいに敵対するのではなく、たがいに手をとり合って生きていくことを学んでいただきたい」と言った。彼は予見していたんですね。いずれドイツなどヨーロッパの国々は、こうした外国人問題で大きな破綻をするだろう、と。だからこそヴァイツゼッカーは警鐘を鳴らしたのだと思う。

日本も新自由主義の中で、外国人労働者の受け入れを同じような形で進めていくことになります。

ロシアにおける「友人のネットワーク」

佐藤　いまのお話で思い出したことがあります。一九八七年、イギリスからソ連に行って私が一番驚いたのは、清掃労働といった単純労働の現場に金髪碧眼《へきがん》の白人が従事していることでした。なおかつ、アジア系の人間が管理職につき、白人を使っている。イギリスではあまり考えられないことです。ソ連では、イギリスにいるときの何となく蔑視されているような嫌な感じがまったくしなかった。日本人に対する偏見がないんですね。

今のモスクワはだいぶ変わってきて、中央アジアからの労働者が底辺の仕事をしているのだけれど、人為的につくられている社会主義のシステムにおいては、その種の民族と結びついた格差はかなり希薄になっていました。これは生活文化での、日常のレベルでの話なのです。それはどこで一番あらわれたかというと通婚です。アジア系と結婚することに対して、ロシアの白人は抵抗がないんですね。

富岡　ソ連時代にソビエトの作家、アレクサンドル・ソルジェニーツィンがアメリカに亡命しました。当時のソ連の抑圧体制というか非自由の中で、彼はスターリン批判をして逮捕されたり、ソ連当局の検閲を受けたりしながら文学活動をして追われていった。しかし、アメリカで西欧社会の実態というか、差別や格差、自由というものの取り違えを目の当たりにして、西欧社会批判に転じていきます。佐藤さんがおっしゃった旧ソ連の社会主義システムの格差の希薄化と、西欧社会、日本も含んだ先進諸国の新自由主義の矛盾が、そこにわだかまっている感じがします。

佐藤　ロシアは国家に対する信用が低いので、社会機能が強いこともあります。友人のネットワークが力になる。ロシアにおいて友人という言葉はとても重くて、友人のためなら秘密警察にも情報を売らないのは普通の話で、友人のためだと言って黙りこむのは、ソ連体制の中でも容認されていた価値観です。そのかわり、友人はものすごく選ぶ。よく日本の学生に「友達は何人いますか」と聞くと、「百人います」とか答える。ロシアだと、五人以上友達がいると言うと人間性が疑われますね。

富岡　それはソ連時代からですか？

佐藤　ソ連時代からです。現在のロシアでもそうです。それらも幾重かの層になっている。一番コアの層にいる友人関係は家族以上に強力です。ロシア人の関係でおもしろいのは、書籍のやりとりでカネを取るか取らないか。取らないと友人です。これは私も日本でも極力励行しようとしていますが、自分からいい本だよと薦めて、相手が読みたいと言ったらその本をあげる。絶対に対価を取らない。生活の面すべてではないけれど、ロシアのインテリたちは、貨幣を介在させない領域を自発的につくるんです。その一例が書籍のやりとりです。旧ソ連時代において、ドストエフスキーの『カラマーゾフの兄弟』が新版で出たりすると、一人三冊までと購入制限がある。するとみんな三冊買って、この書籍を誰にあげようかと考える。一冊一冊の本が誰のところに行ったら一番幸せかを考えながら、複数冊の本を買うんです。それをお互いに流通させ、その流通のプロセスの中では貨幣を介在させないのが友人です。友人でない場合は投機行為で、定価二ルーブルのものを十ルーブルでどうだというやりとりをする。カネを介在させない関係があるかどうかが大きいんです。

富岡　おもしろいですね。社会の中での国家に対する一種の中間共同体というんでしょうか、もちろん家族もあるけれども、友人であるとか、ある種のコミュニティが大事なクッションとしてあるんですね。

子どもの貧困をめぐるトートロジー

富岡　『格差社会を生き抜く読書』に話を戻しますと、その最後のほうで、佐藤さんがとても重要なことをおっしゃっている。

〈「なぜ、子どもの貧困に取り組まなければいけないのか」（中略）結論から言うと、この問いに対して私が答えようとするとき、最終的にはトートロジー（同語反復）しか与えることができません。この問いに、理論的な解答をすることは無効であり、不可能でもあるのです。「なぜ、子どもの貧困をなくさねばならないのか」という問いに対しては、「子どもの貧困をなくさなければならないからだ」と答えるしかないのです〉（前掲書）

ここがすごく大切なところですね。

佐藤　考え抜いた先でのトートロジーです。一番重要な問題はどうしてもトートロジーにならざるを得ない。私も富岡先生もキリスト教徒で神学的な訓練を受けているのでトートロジーを受け入れられますが、これがなかなかみんなに理解してもらえないところです。

富岡　その後に「生命には尊厳があり、人間には生きる権利があります。きちんと食べることができ、きちんとした教育を受けることができ、恥ずかしくない服を着ることができる。名誉・尊厳をもって生き、きちんとした生活習慣を身につける権利があるのです」とおっしゃっている。これが、今われわれの前にある子どもたちの課題で、教育とか、社会保障とか、もう少し抽象的に言えば、道徳とかヒューマニズムのテーマですが、実はそういうものだけでは届かないものがある。ここにキリスト教における神学的な課題が出てくると思うんです。

きょう挙げたかったのは、カール・バルトの『創造論』Ⅲ巻です。『創造論』はかなり長く、その十二章に「創造者なる神の誡め」があります。

佐藤　倫理の部分ですね。

富岡　ええ。その中でバルトはこう言っています。

〈ただ神だけがまことに自主独立的であり給い、全くご自身に属しており、ご自身の中で、ご自身からして、生き給う。人間の被造物的な生〔きること〕はそのようなものとして人間の所有物ではなく、それは貸与されたもの（Leihgabe）である〉（カール・バルト『創造論』）

つまり人間が、神がつくった被造物として生きているということは、もちろん自分がそこで生きているわけですが、人間自身の所有物ではなく、創造主、神によって貸与されたものだと言う。

この根本的な考え方、われわれは貸与された存在であるという神学的な倫理の根拠は、とても重要なことになっているのではないでしょうか。

佐藤　それはまさに倫理とつながっていて、例えば「使徒言行録」二十章三十五節では、「受けるよりは与える方が幸いである」と説いています。なぜかと言えば、自分が受けているものは神から貸与されているものであるから、その貸与されているものは神に返さなくてはならない。ただし直接神に返すことはできないので、イエス・キリストが教えたように隣人を愛することで返す。言い換えると、誰もが他者のために尽くさなくてはならない。われわれは創造されている者として、当初から貸与されている自己として、そこから答えが必然的に導き出されてくるんですね。

これは、神学を学んだ人以外からは独断論と見られがちだけれど、なぜキリスト教文化圏の中から奉仕とか他者性という生き方が出てくるのかというと、こういうOSがインストールされているというか、刷り込みがあるということです。

富岡　そうですね。『創造論』の十二章の五十五節「生への自由」で、こう言っています。

〈この貸与物は結局また人間の自発性をそれ自身の中に含んでいるということ、換言すれば、責任を引き受け、決心をし、決定を遂行し、態度をとり、行為をしてゆくその人間の自由をそれ自身の中に含んでいるということを、見た。人間的な生〔きること〕は人間の行為として生きられることを欲している。それは単に人間の身に〔外から〕降りかかることとして受けとられ、耐えられるのでなく、彼によって取り上げられ、日毎に彼によって遂行されることを欲している。まさにそのためにこそ（そしてまさに、そのための能力を含めて）それは人間に貸し与えられているのである〉（前掲書）

人間はまさに神の被造物であり、神から生を与えられている。そして自由であるということは、無制限な自己の拡大ではない、そういう自由です。

佐藤　制約されている中において無限の可能性がある。集合の中の無限みたいな感じです。

富岡　この考え方は、道徳とかヒューマニズムという近代的な思想のアプローチからではなかなか出てこない。

佐藤　本来の翼賛の思想とはそういうものですよね。戦前に近衛《このえ》文麿《ふみまろ》によって「大政翼賛会」ができたことで、別のイメージで語られることが多いですが、「翼賛」とは、義務ではなくて、自発的に天子に協力することです。しかし、それはあくまでも天子の補佐役として、限定された枠の中での協力です。勝手なことをやっていいわけではない。

富岡　制限されている中での自由の行使。そこに責任という問題も出てきます。

自己責任論の矛盾

佐藤　責任はロシア語でответственность、英語のresponsibilityで、レスポンスですから応答責任性がある。反対に言うと、軽々に謝ったらいけないということです。

そうなると、昨年（二〇一八年）十月にシリアで拘束されていた安田純平さんが帰国したとき、日本政府に対する感謝とメディアの人に対する感謝をするのは構わないけれども、謝罪する必要はあったのか。職業的良心に照らして現地に行ったならば、「解放にご尽力いただいた皆さんに深く感謝します」とその認識の表明で十分なわけで、「私の行動によって、日本政府が当事者にされてしまったことも申し訳なく思っている」ということにはならないはずです。謝罪、責任に関しても、制約の中で行われることなので、人は簡単に謝れないのです。

富岡　そう思います。創造主たるものの貸与物である人間の責任のあり方は、制約との関わりの中で見ていくとクリアになってくる。最近、「自己責任」という言葉がまた出てきていますが、これは神学的に言えばとても矛盾しているんですね。

佐藤　責任とは他者との関係で生まれるので、最終的には神との応答責任であって、呼び出されたことに対する責任です。自己責任とは、いわば自己で神をつくり上げて、自己でつくり上げた神に対して責任をとることです。これは経済の論理なんですね。何かの投資を金儲けのためにやってみて、失敗したら、ああ、自分が悪かったとなる。これは自家中毒と同じで、内部だけで循環してしまっている。本来、自己責任を追求するのだったら、バルト的に言えば、不可能な可能性の追求になります。

富岡　さっきのキェルケゴールで言えば、絶望の一つの顕著な形態になりますね。

佐藤　その場合、どの形態でしょう。

富岡　絶望して自己の否定になるのではないでしょうか。自己責任が自己否定に向かえば、自殺という形をとる。

佐藤　反対に、自己責任が「自分が責任をとるんだから構わないだろう」といった形で開き直れば、今度はタイタニズム、巨大化です。

富岡　そのすべてがキェルケゴールの絶望の構造の中に、そしてニヒリズムの構造の中に入り込んでいます。

佐藤　そう思います。本来は、自己という言葉がついた瞬間に、ラッセルのパラドックスを思い出さないといけないはずなんです。自己に言及する命題はものすごく危険で、循環してしまう可能性がある。自己言及命題で、床屋のパラドックスになってしまう。クレタ人の話になってしまう。自己の責任と言うけれども、その責任を立てたのは誰なのか。何にレスポンスしているのか。自分の言ったことにレスポンスして、それに対する責任を判断する主体は誰なのか。

富岡　他者が不在ですね。

佐藤　自己責任論の最大の問題は、他者の不在です。

富岡　それは、突き詰めると他者の否定になっていくし、先ほどの相模原事件ではないけれども、他者との意思疎通ができないから他者を殺す、抹殺していく。この循環構造の中に、みずから完全に入り込んでいます。

佐藤　しかも、自己責任論をとって他者を抹殺する以前に、自分自身が抹殺されても構わない、自分自身も存在しなくてもいいという形で、その理念なり自分の価値観なりにみずからが殉じて、自分の命を捨てる。その気構えがあるから命がけなんです。だから、本物の迫力がある。

よく政治家が「私は命がけでこの仕事に取り組みます」と言うけれど、「命がけと言ったら、ヒトラーだって命がけでしたよ。実際に自分の命を捧《ささ》げたわけですから。それが基準になるんですか」と言うと、その意味にはたと気づく。

人間の自由と他者の発見

富岡　バルトの倫理学でも、「働くこと」という章で、がむしゃらに働くことの問題が、自己の拡大としてある。ですから、安息日の大切さ、休むことの本質的な意味はそこに当然発生してきます。キリスト教だけでなく、ユダヤ教でもイスラム教でも、安息日をしっかり守ることの重要性は大きいんです。ただ、どうしても近代社会というか近代ヒューマニズムの中では、安息日はそういうふうにはとられなくなっている。

佐藤　そこで重要なのは、ドイツのカトリック哲学者のヨゼフ・ピーパーです。彼は『余暇と祝祭』という本を出しているんですね。ドイツの戦後復興のときに、休むことの重要性を説いている本です。安息日の重要性が語られていて、休まないと生きていられない。休んで、見ることが重要だ、と。

富岡　日本はキリスト教風土ではないので、わかりにくい感覚かもしれません。しかしこれは、宗教云々というより、人間の根源的な実存とかかわっている問題だと思います。

佐藤　機械を専門に研究している人のほうが、休むことの感覚を持っていますね。今、同志社大学の松岡敬学長は理工学部の機械システム工学科出身ですが、彼と話すと、機械を休ませて点検することの重要性や、機械の遊びがないと動かなくなってしまう危険性などを説いて、休むということをよく考えています。

富岡　安息日は旧約聖書で言えば、「創世記」の最初でまさに神が創造のわざをします。そして、六日間続けて、七日目に休んだ。最後に人間が創造されるわけですが、そこで一つの線が入る。創造のわざがそこで停止するんですね。停止するからこそ、人間の本当の意味の自由が発生する。

もし創造のわざが続いていけば、人間は神のロボットというか、神の手のひらの中で存在しているものである。しかし、神は創造のわざを終わられて休まれたと「創世記」に出てきている。根源的な「休み」として安息日がある。だからこそ人間の中に制限が置かれている。そして、制限されているからこそ自由がある。その自由を、責任を持って他者との間で行使できるんです。バルトが、互いに共にあること、miteinander という言葉を言っています。

佐藤　いい言葉ですね。

富岡　ええ、共にある、連帯責任制の中で生きるということです。神に命を与えられた、自由を与えられた人間が、同時に人間の自発性の中で他者と交わりを持つという部分だと思います。今の時代、そういう「他者の発見」がもう一度なされる必要があるのではないでしょうか。

崔実『ジニのパズル』が持つ「驚き」

佐藤　他者の発見とは、別の言い方をすると驚くということです。内部だけだと驚きがない。自分と異質なものと出会って驚く、そこからすべてが始まるわけで、驚きがないところからは何も生まれてこない。だから、われわれも驚くような小説を読みたくなるんです。今回の課題書、崔実《チェシル》さんの『ジニのパズル』にしても読んで驚く。そこにおもしろさがあると思うんです。

富岡　旧約聖書の預言者たちは、つねに「驚く」ということが起点になっています。さて、『ジニのパズル』は二〇一六年の群像新人文学賞を取った作品です。新人の作品ですが、新人賞の選評でもとても高く評価されました。

物語は、オレゴン州の高校に通う韓国籍のジニという女子高校生が主人公です。彼女は、東京、ハワイ、オレゴン州と各地を転々としてきた問題児で、現在通っているオレゴン州の学校でも退学するか残留するかの選択を迫られています。そこで、親しくなったホームステイ先のステファニーという絵本作家のおばさんと話し合うのですが、その対話の中で彼女は

「あなた、ここに来る前に何かあったのかしら」「あなたは、とても哀しい目をしているわ」と言われ、日本で経験したこれまでの出来事を「私の物語」として書き記します。

ジニは日本生まれの在日韓国人で、一九九八年四月、中学一年生のときに日本の学校から朝鮮学校に転校します。朝鮮学校では日本語を使うことは許されていない。体育館で行われる入学式の際、すべてが朝鮮語で語られ、その体育館には金日成《キムイルソン》と金正日《キムジョンイル》の大きな肖像画が飾られている。そういう環境の中に彼女は初めて飛び込んでいきます。ジニは朝鮮学校の中でさまざまな葛藤を経験する。例えば、韓国籍でありながら朝鮮語がしゃべれず級友たちから蔑視されると同時に、日本社会の中でも在日韓国人として差別を受けている。また、祖父は北朝鮮への帰国運動で帰国していますが、北朝鮮の実態も、祖父とその家族の手紙からでしかわからない。

佐藤　しかも、その北朝鮮からの手紙は三通だけにして、あとは想像させる形をとっていて、とても上手です。

富岡　そして、テポドンのニュース――北朝鮮が撃ったミサイルが日本列島を通過して海に落ちたというニュースを受け、その後チョゴリを着ていると、ゲームセンターで日本人の男から暴力を受けるといった出来事が描かれていきます。

斬新かつ驚きを持つ視点です。戦後、在日韓国人、朝鮮人の文学があったわけですが、彼女自身がそうした中に入っていき、過去の日本と朝鮮の関係を意識しながらも、金日成、金正日に対して、現在のこうした体制はおかしいと疑問に思う。思想というよりは生理的、身体的な感覚として嫌悪感を持ち、二人の肖像画を破壊し校舎の四階から投げ捨てます。

佐藤　しかも、自分は「革命家の卵」であると宣言すると同時に、ちゃんと声明文もつくっていくんですね。

富岡　帯文に「少女の革命」という言葉が出てきますが、まさにそういった作品です。この作品は在日韓国人の観点から、今の国家や社会や差別や格差という問題を、小さなものからの反抗の叫び声として語っています。旧約聖書の預言者も、何か違和感とか驚きとかそういうものから言葉を発していく。この作品は実はとても大きな問題をはらんでいると私は読みました。

佐藤　同感です。私は、この作品とあわせ、深沢潮《うしお》さんの『海を抱いて月に眠る』を読むとおもしろいと思いました。深沢さんもご両親が在日韓国人で、世代は深沢さんのほうが上になります。

物語は、日本名を名乗って、ノンポリで政治に一切関与していないと思われた在日一世の父親が死んだところから始まります。その父親の遺品の中から娘が古びたノートを発見する。そのノートには、父親が慶尚南道から密航してきた半生がつづられています。民団（在日本大韓民国居留民団）青年部に反発を感じていた父親は、韓青（在日韓国青年同盟）に入会しますが、その後結成された民族統一協議会の中で実は金大中《キムデジュン》を助けているメンバーの一員だった。ところが、韓国にいる年老いた親のところに戻るためにＫＣＩＡ（韓国中央情報部＝秘密警察）と取引をし、運動を抜けることになる。さらにその際、ささいなことで自分の仲間が逮捕されるきっかけをつくってしまった。そういった活動家だったことを父親は封印してきたわけです。ただ強権的なだけだと思っていた父親の本当の姿を、娘が最後に知るわけです。

『海を抱いて月に眠る』では、そういった日韓両国の間で翻弄された父親の人生が解き明かされるのに対して、『ジニのパズル』では、娘であるジニが日本社会の中にある差別に直面する中において感情を爆発させていく。しかも重要なのは、胸をつかまれて暴行されたとき、ひどい目に遭ったことを親にも語れない。親はそれを推察している。そこのところですね。

昨年（二〇一八年）、大城立裕さんが『あなた』という本を出しましたが、その中の「辺野《へ の》古《こ》遠望」で、沖縄においては我慢することと抵抗することは表裏一体で、我慢することが抵抗の手段でもある、ということを書いている。それは、在日韓国人／朝鮮人であっても、沖縄人であっても、共通している。大城さん、深沢さん、崔さんらみんな、全体を通じて我慢している。それを強く感じました。

ふだんは我慢しているんだけれども、おそらく作品の世界の中だから爆発させた。本当はジニのように、金日成、金正日の肖像画を放り投げたいと思っている子どもたちはたくさんいるのだと思う。その我慢しているところをうまくあらわしていて、そのうえで、ジニのような外部――日本の学校に通っていた、つまり完全に内部から来たのではない、いわば旅人としての彼女がとった行動によって、内部に深い影響を与える。だから、ジニの果たしている機能はマレビトのような感じがするのです。

富岡　そうですね。ジニは問題児として、東京、ハワイ、オレゴン州とたらい回しされる中で、例えばハワイでは、観光客たちではなくホームレスとの接触の中に自分の安息を見出していきます。オレゴン州に行ってもやはりマレビトなんです。そこからの視点が生きていると思います。

佐藤　ロシア正教の佯狂者《ようきょうしゃ》のイメージです。遍歴をしている。それでケミストリーを起こしている。おそらくオレゴン州の高校も最終地ではなく、彼女はずっと移動していくのだと思います。そしてたくさんのケミストリーを起こしていく。本人は常軌を逸したエキセントリックな人間と見られがちだけれど、その彼女が多くのものを残していく。その残された後の余韻はとてもよく出ています。宣言の中でも「今こそ立ち上がろう！　自分の為、未来の生徒たちの為に！」とある。彼女は人に影響を与えることができる人物なんですね。そのほかの登場人物たち、嫌いだったユンミにしても、仲の良かったニナにしても、ジニと接することによって人生に決定的な影響を受けて、その後、彼女らの人生が変わっていくことを強く暗示しています。

預言者としての作家たち

富岡　さっきの言葉で言えばmiteinander、共にそこにある。つまり、この小説には他者の発見があります。

私がおもしろいと思ったのは冒頭です。「そこに、いない」という最初の章で、オレゴン州の学校に通っているジニの教室の風景が描かれます。「その日も、いつもとなんら変わらない日だった。学校は、相変わらず残酷なところだ」と始まり、ジョンという線の細い少年が、突然泣き出してテーブルの下に隠れる。

〈ジョンは突然、泣き出す子だった。彼の感受性は、普通の人よりもうんと強いのだ。だからその時は、教科書に載っていたウサギの解剖図でも見てしまって傷付いたのかもしれない。もしかしたらジョンは、世界一優しい子なのかもしれなかった。／だけど学校ってのは本当に残酷なところだ。いや、学校というよりは、この世界なのだと思うけど、授業はこの世界と同じように止まることなく進んだ。まるで、ジョンなんて存在していないかのように〉（崔実『ジニのパズル』）

このジョンという小さな存在をうまく表現しています。さらに、こう続きます。

〈先生は何度かジョンを見た。私はその時の先生の顔を、たまたま見てしまった。本当に、最悪な気分になった。まるでシーツに棲み付いた忌々しいダニでも見るような目だった。それで、自分の息子じゃなくて良かった、と言わんばかりに外方《そっぽ》を向いて、他の生徒たちと同じように、ジョンがその教室にいないことにした。／そうして授業は進んだ。ジョンはより一層、声を上げて泣いた。その時、世界は失笑した。ジョンは、もっと泣き叫んだ。反対側の州で、ブッシュ大統領がより多くの軍をイラクへ送った。ジョンはもっともっと泣き叫んだ。同時期、私の英雄マイケル・ジャクソンが、性的虐待の容疑で逮捕された。ジョンは悲鳴をあげて地面を割るように叩いた。それでも変わらず、フンコロガシは糞《ふん》を転がし続けた。本当に、この世界は素晴らしい所だよ〉（前掲書）

この少年ジョンは、本当に小さな出来事に驚き、悲しみ、それを感知することで泣き声を出す。これは、ある意味、旧約聖書の預言者です。

森泉弘次《こうじ》氏が訳した『イスラエル預言者』という本があります。ユダヤ教の神学者のエイブラハム・ジョシュア・ヘッシェルが書いた本です。彼は一九〇七年にワルシャワでラビを輩出した家系に生まれました。父親の先祖は、ハシディズム創始者のバアル・シェム・トヴの後継者です。彼自身は、早くに父親を亡くし、母親はナチスがアパートを襲撃した際に心臓発作で亡くなりました。アメリカに亡命後、最後の十年はマルチン・ルーサー・キングらと黒人の公民権運動、ベトナム反戦運動の指導的な役割を果たしました。

『イスラエル預言者』では、こうあります。

〈預言者とはどのような人間であろうか。偉大な形而上学者の言説を読んだあとで預言者の弁論を読みはじめる哲学研究者は、崇高性の領域から瑣末《さまつ》性の領域へ移るような感じをもつかもしれない。存在と生成、内容と形式、定義と証明といった不朽の重要問題を扱う言説から、いきなり寡婦と孤児の運命について、裁判官の腐敗と市場での取引きについて訴える弁論に投げこまれるのだから。優雅な精神の邸宅に通じる道に案内するかわりに、預言者はわれわれをスラム街に連れていく。世界は美しいものに満ちている誇り高い場所であるにもかかわらず、預言者は、全世界があたかもスラム街であるかのように憤激し怒号する〉

〈預言者たちをぞっとさせたものは、今も世界中で日常茶飯時《ママ》的に起きている事件である〉（エイブラハム・ジョシュア・ヘッシェル『イスラエル預言者』）

そうしてイスラエルの預言者たち、例えばアモスとか、エレミヤとか、そういった人たちが出てきます。そして、こう言っている。

〈不正に対する預言者の息づまるような苛立ちは、われわれにはヒステリーのような印象を与える。日常われわれは絶えず、不正行為、偽善、欺瞞、暴力、貧窮といった現象を目撃しているが、それについてめったに怒ったり、ひどく興奮したりはしない。預言者にとっては一つの些細な不正が宇宙的スケールを帯びるのである〉（前掲書）

これは預言者の本質をついていると思います。例えばジニにしても、ジョンにしても、友達のちょっとした行動から、あるいは、ウサギのちょっとした解剖図から、世界の矛盾を発見している。
佐藤　文化人類学でいう境界線上にいるトリックスターみたいな感じですね。異常のように見えるけれども、それで何か大きなことを指示している。村田沙耶香さんが『コンビニ人間』や『地球星人』で描いている人たちも、その意味で極めて預言者的ですね。ほかの人が反応しないところに反応する。普通の人たちには目に見えないものが確実に見えるんです。
富岡　それも、本当にささいなものです。
佐藤　この才能はとても貴重で、世界には目には見えないけれど確実に存在するものがあり、それを予兆として知ることができる。

不可能の可能性に挑む

佐藤　キリストの三職[*1]で言うと、王としての権能は統治に関するあらゆる場面で必要になり、預言者としての権能もそこにある。そうなると、もう一つ、祭司としての権能が必要になると思うのです。なぜならば祭司というのはハイブリッド性であって、神の前においては民の代表だから王的な要素があるけれども、民衆に対しては、神を代表するから預言者的な要素がある。だから、祭司の媒介がないと預言者の言っていることはわからないのです。

祭司と預言者は対立するけれども、われわれ作家がやっていることに似ています。文芸批評の領域で富岡さんがやられていることは祭司的な機能があって、預言者的な機能は小説家が行っている。小説家、つまり預言者自身が言語化できないことを言語化し、より広範囲に伝えていくことが、文芸批評家の重要な仕事だと思う。

富岡　おそらく神学者もそうだと思います。聖書の解釈、カール・バルトの『教会教義学』もそうです。預言者の言葉とか使徒の言葉、聖書の言葉そのもの、神の言葉を語ることは不可能な可能性であるということですね。神学的な体系や言語の中で、不可能な可能性に対してそれを明らかにしていく。

佐藤　文芸批評と神学との接点が出てくるのはそこだと思います。不可能だと言い切ってしまうと、通常の社会科学になってしまう。反対に、これは可能だと言ってしまうと、独断論になってしまう。そこの中で不可能の可能性に挑んでいくという、いわば微分みたいな作業を、終点は見えないけれども、いかに飽くことなく続けていくか。

富岡　私は、内村鑑三やバルトを読む前、二十代で最初に出会ったのは戦後派作家の埴谷雄《はにやゆ》高《たか》です。「群像」の新人評論賞に最初に出した評論は「意識の暗室　埴谷雄高と三島由紀夫」なんです。埴谷雄高は無神論の立場をとりましたが、虚体[*2]という、神の裏返しみたいなものと言えばいいんでしょうか——それを語ることの不可能な可能性について繰り返し語っていた。ですから、不可能な可能性とはまさに文学言語の、一つの目指すべき方向性であるということを、二十代で感銘深く受け取ったんです。神という存在を語ること、神の真実の不可能な可能性をあらわすというといとなみ、つまり神学的言語は文芸評論的ないとなみと重なるところもあるような気がします。

佐藤　でも最近、作家が典型的な社会主義リアリズムの論理を持ち込むことがある。それは、いかにも「よい子の文学」と感じられて、私はものすごく反発を感じます。「毒」がないんですね。例えば『コンビニ人間』みたいに、毒のままで提示する文学もあっていい。

富岡　はっきり言えば、文学は「よい子」とは逆ですね。

佐藤　「よい子の文学」に拠《よ》ることは自分を特異点に置く作業なので、文学からものすごく遠いような感じがします。私のような政治の世界にいた情報屋から見てもすごくグロテスクに思えるのに、本人たちはいいことをやっていると思っている。このずれがどこから生じてきたのか。そこに関心があります。もしかしたら、ここも新自由主義が関係しているのかもしれない。

富岡　そうかもしれません。あるいは、「自由」という言葉の取り違えが起こっているのかもしれない。「表現の自由」という言葉の倒錯的な、ひっくり返った使い方があるのだと思います。本来、文学でも、もちろん神学でもそうですが、語り得ぬものを語るという方向性はあります。そこのぎりぎりの線で、どうやって言葉をつくっていくか、文脈をつくっていくか、批評のスタイルをつくっていくか。その語り得ぬことというある種の究極性が、重要な文学的な原点だと思います。

佐藤　あと、編集者に関しても、ポリフォニーがあると嫌がる人が多い。要するに、文意を一義的にとれないからです。だから、主語、述語をはっきりして、意味を明確にしてくれとなる。両義性があるから意味合いが生まれるので、物事は両義的なものだと説明をしなければならないことが結構あるんですね。

富岡　第二回で語り合った大江健三郎さんの語るあいまい性とか両義性は、不可能な可能性を語る文体としては重要なモーメントになると思います。例えば古井由吉さんの文体もそうです。彼が「内向の世代」として「杳子《ようこ》」等でデビューしたのが一九七〇年で、当時、文体が朦朧としていると、朦朧派と言われた。これは批判的に使われたのですが、実際、文学の一つの本質的なことを言えば、朦朧派たらざるを得ない。むしろ朦朧派であることが究極の何かに触れていく。先ほどの預言者で言えば、日常茶飯事の底に眠っているものを揺り起こす文体の力を小説が持つ、そこに尽きると思うのです。そういうスタンスは、文学の一番大事なものなのではないでしょうか。

相対的貧困の深い闇

富岡　佐藤さんの『格差社会を生き抜く読書』にもう一度話を移すと、その最後のほうの発言で、先ほどの他者の問題にかかわるのですが、こうあります。

〈話を社会的養護に戻しますと、生後から18歳までの間、社会的養護を受けている立場の子どもはどんどん成長してコミュニケーションが可能になるのだけれど、子どもの心の中には周りの大人には知ることができない領域が残されているし、内面に負った傷の痛みを完全に共有することもできない。子どもは他者であり不可知であるという認識に立つことは、とても重要です〉（佐藤優、池上和子『格差社会を生き抜く読書』）

子どもとは他者であり、不可知である。とても重要な認識です。制度的に子どもを救うという課題、貧困の対策とか、学校給食の問題とか、あるいは奨学金制度とかいろいろありますが、ここをしっかりと押さえないと、本来の救済という問題は出てこないと思うのです。

佐藤　なぜそう感じたかというと、その背後にあるのは、自立支援ホームの少年たちと時々会って、食事に行っていることが大きいと思います。実の親の暴行が原因で、シェルターに隠れて生活していたり、年齢を偽って中学のときから肉体労働をしながら食べていたりする少年たちがいる。

そういった人たちは、例えば、食べ物一つにしても、外食をしたことがないんですね。だから、肉を食べに行こうと言った場合に、今までほとんど肉を食べたことがないから、肉じゃないほうがいいと言う。あるいは、すし屋に行くにしても、回転ずしで、かつ、個室がいいと言う。それは、回転ずしには何回か行ったことがあり、人とのコミュニケーションをとらなくてすむからです。それでほとんど笑わない。ずっと下を向いていて、二時間か三時間かいても、会話がない。でも、こうした状況が続くと、ふっと一言二言コミュニケーションができるようになって、「次回また来ようか」と言ったら「来たい」と言う。そうして、何回か同じ空間を数時間一緒に経験することで、そこの中にものすごく深い闇があるんだなと感じてくる。

富岡　言葉を持っていないんですね。

佐藤　そう、言葉を持っていない。しかも、義務教育だけで終わってしまうんです。高校に行ったとしても、なかなか続かなくて。

富岡　以前、石井光太さんが私の大学の講演会で二〇一五年に起きた川崎の少年殺人事件のことや、戦後、上野などにたくさんいた戦災孤児のことを話されたのですが、とても興味深い話でした。彼は戦災孤児のことをずっと調べていき、今ではもう高齢になっているかつての戦災孤児の方をいろいろ取材されていた。そこで対照的だったのは、川崎の事件にかかわった子たちは、言葉がないというのです。まったくコミュニケーションができない、と。だけど、戦災孤児だった子どもたちは、大変なことがあったろうけれど、言葉を持っていたそうです。この違いはものすごく大きいと語っていました。

佐藤　とても重要だと思います。あと、私の主治医は夫婦とも熱心なクリスチャンで、奥さんが児童自立援助ホームの仕事に従事しています。女子の自立援助ホームですが、ここでは実父からの性的虐待、義父からの性的虐待をはじめとして、薬物、窃盗マニアといった問題を抱える十六歳以上の女の子を引き受けています。ほとんどの少女が男性恐怖症で、男性を目にすると体が硬直してしまうという話です。そういう少女たちをどうやって社会の中で適合させるか。必死に援助をするけれども、子どものときの原体験で恐怖を覚えてしまった人たちにとっては、社会に溶け込んでいくのになかなか超えられないハードルがある。

富岡　佐藤さんは『いま生きる階級論』の最後、第六章で、「子どもを救え」というタイトルをあえて出されていますよね。「魯迅《ろじん》の『狂人日記』では、最後に狂人が「まだ、人の肉を食ったことがない子どももいるかもしれない」と言って、「子どもを救え」と小説を締めくくります。私は、まさにあの狂人と同じ気持ちでいます」と言っています。
　まさに資本主義社会のマモニズム、そしてニヒリズム、今の社会の中で、こういう状況が実際にあるということですね。
佐藤　そう考えています。われわれ一人一人が勝手に編集権を働かせてしまい、目の前にあるものを見ていない。潜在的には、特に貧困を見る場合には、絶対的貧困ばかりを見てしまうことによって、相対的貧困の問題が見失われる。相対的貧困によってどれぐらいの人間が傷ついて、自分の可能性を閉じてしまっていることか。
　同時に、社会を説得するためには一種の功利主義的な観点も必要になります。なぜ支援が必要かといえば、納税者をふやすためである、と。あの手この手を使わなければならない。でも、目的は何かといったら、ともかく子どもたちを救わないといけないということです。
富岡　絶対的貧困に対して、今われわれが本当に直面しているのは、相対的貧困の深い闇だと思います。
佐藤　そうです。食べるものに事欠いているとか、栄養失調状態にあるとか、絶対的貧困を解消しなくてはならないという主張に対しては、ほぼ全員コンセンサスが得られると思う。しかし、相対的貧困になった場合には、自分の努力でやれとなってしまうことに問題がある。

富岡　きょうはリチャード・G・ウィルキンソンの『格差社会の衝撃』という本を持ってきました。彼は一九四三年生まれで、イギリスの経済史家として『経済発展の生態学』で話題になった人ですが、その後、経済史から医学や疫学に舵《かじ》を切り、人間の身体や心をも含めた人間そのものの危機として格差社会を捉えている。とても興味深い本です。二〇〇九年に書籍工房早山から翻訳が出ています。

佐藤　ベネディクト・アンダーソンの『定本　想像の共同体　ナショナリズムの起源と流行』を出している出版社ですね。

富岡　ええ。彼はこの本の中で、「経済発展によって絶対的物的欠乏が解消された結果、もたらされた健康の変化のこと」を「疫学転換」という言葉を用いて説明しています。贅沢《ぜいたく》病は今や豊かな社会においては富裕層ではなく貧困層の間に広まっていると、社会的分布が逆転していることを指摘し、こう述べています。

〈例えば、金持ち層の男性の病気であった心臓病は、豊かな社会では貧困層の病気となっている。脳卒中や肺病のような病気についても同様である。最も特徴的なのは、肥満の社会的分布である。過去何世紀もの間、金持ちは太っており、貧しい人は痩せていた。しかし、疫学転換を過ぎると、このパターンは逆転し、今では貧困層の方が金持ち層よりも太っている〉（リチャード・G・ウィルキンソン『格差社会の衝撃』）

つまり、具体的な分析の中から、まさに相対的貧困の人間の身体、心、その存在に関わる、経済学のカテゴリーではどうすることもできない危機の内在化というのでしょうか、潜行しているところでの具体的な例を出している。相対的貧困の問題は、幅広い角度から考えていかなければいけないんですね。

佐藤　以前（二〇一六年）、NHKのニュースの中で貧困特集をした際、貧困女子高生と紹介された子が、コンピューター本体を買えず千円程度のキーボードだけでタイピングの練習をする映像が放送されたことがあったけれど、実際はその子がゲームソフトやDVDを買っていたり、映画に行っていたりしたことがわかって問題になりました。

これは相対的貧困と絶対的貧困の問題で、絶対的貧困者以外の人が声を上げたらいけない、自己責任論に回収しなければいけなくなっている。これは厳し過ぎる基準だと思います。

急ぎながら待つ

富岡　結論には至らないけれど、『いま生きる階級論』の最後で、佐藤さんはこうおっしゃっている。

〈特に子どものために何ができるのか。そういうことを考えていくあたりから、少しずつでも始めるしかないんじゃないかなと思っています。それは、大きな声で革命を語ることよりも、ずっと意味があると思う。それで、いつか大きく社会が外側からの力によって転換するきっかけがあった時は、それを逃さずに、絶対に変えてやるんだと。そんな「急ぎながら待つ」みたいな考え方を最近はしているのです〉（佐藤優『いま生きる階級論』）

先ほどの『ジニのパズル』の主人公、ジニはそういう感受性を持っていると思う。「急ぎつつ待つ」というのはカール・バルトの「待ちつつ急ぎつつ」を逆にしたものです。つまり、人間は神の再臨の希望の中で終末を待ちつつ、しかし、人間として、神から生命を与えられたものとして、働くものとして、急ぎこの社会と、他者とかかわっていかなければいけない。ですから、神学的には「待ちつつ急ぎつつ」なのです。しかし、それをあえて逆にして「急ぎつつ待つ」とおっしゃっているところが、佐藤さんの神学的な実践の姿勢が出ていると思いました。

佐藤　そこは、私の場合、行政官（外交官）だったことが大きいと思います。今の現実の問題からするとみんな急いでいますから、「待つ」から入ったら、みんななかなかわからないと思うんです。だから、「急ぐ」から入らないといけない。急いでいるんだよ、しかし、究極的なことは待とう、と。最初に「待ちつつ」で入ると、信仰体系がない人には入りにくいと思ったので、「急ぎつつ」にしたのです。

富岡　この言い換えはとても大切です。つまり、ロシア革命もそうであったし、地上のあらゆる革命は「急ぎつつ」の中から出てきています。しかし、同時に「待ちつつ」という、究極においては人間の力の限界、きょうのテーマでもありますが、自由の限界を知ることです。

佐藤　ある意味において、ロシア革命が成功したのは、レーニンが待つことができたからです。二月革命のときに勢いのまま進めていたら、きっとレーニンたちは潰されていたと思う。

富岡　見えざりし究極的なもの、神学的に言えば神の来臨ですが、それを待つ。国家とか、社会とか、経済や貨幣は究極的なものではないわけで、究極以前のものです。

佐藤　ただ、究極以前のものも重要であり、そこは神学者のディートリヒ・ボンヘッファー[*3]の功績だと思います。究極以前のものを無視しない。ただ、究極以前のものを扱い出すと、その途端に究極以前のものが肥大してしまい、究極的なものに限りなく近づいてしまう。

富岡　人間の神化であり、地上の物の神格化ですね。「待ちつつ急ぎつつ」はカール・バルトの言葉でもあるけれども、もともとはバルトが影響を受けた牧師ブルームハルトの存在が大きい。

　ブルームハルトは親子で神学者です。父親のヨハン・クリストフはドイツのメットリンゲンという小さな村の牧師をやっていて、そこである娘が、悪霊に取りつかれたような痙攣《けいれん》状態に陥り、それに対して父のブルームハルトは祈りをして、癒やしていく。つまり、現代の中にもこのような悪魔的受肉があるのを目の当たりにする。それに対して徹底した祈りとして「急ぎつつ待つ」、「待ちつつ急ぐ」ということをやった。この牧師の実践は、当時の流行の近代的な新自由主義神学の流れの中にいた牧師バルトを転換させる大きなインパクトになるのです。

　息子のクリストフのほうは、そして宗教社会主義に行きます。ですから、「急ぎつつ待つ」の方向をはっきりとっていくわけで、佐藤さんがあえて「急ぎつつ待つ」と言われているのは、とても大事なことだと思います。

佐藤　今の時代、両方の必要があるんですね。だけど、やはり急がないといけないんです。

＊1　キリストの三職―イエス・キリストは「真《まこと》の神であり真の人」であることで、原罪を負った人間と真実の神との決定的な断絶のあいだに入って来られ、神と人とをつなぐ仲保者、救済者となった。プロテスタント神学では、人間の罪＝死の最も深い闇にまで降りてこられたこのキリストの権能を、「王」「預言者」「祭司」の三職として神学的に定義づける。すなわち、キリストは、自分の民を権威をもって支配する「王」であり、神の意思を伝える「預言者」であり、罪のための犠牲を献げる「祭司」としての役割を荷っている。宗教改革者のカルヴァンは、その主著『キリスト教綱要』でこの三職の教義を述べた。

＊2　埴谷雄高の「虚体」―埴谷雄高（一九〇九〈明治四十二〉年～一九九七〈平成九〉年）の代表作『死霊』のなかで語られる観念。作品の登場人物の一人である青年（三輪與志）は、この世界の現実と自然を全否定して、人間が自らの思惟の限界を超えて「嘗てなかったもの、また、決してあり得ぬもの」を探るべきだと主張する。それは一種の神性であり、究極の矛盾した観念でもある。埴谷は戦前の左翼運動で逮捕され、未決囚の独房でカントの『純粋理性批判』を読み衝撃を受け『死霊』を構想した。

＊3　ディートリヒ・ボンヘッファー――一九〇六年～一九四五年。ドイツのルター派の牧師で神学者。ヒトラーが政権を握った直後からラジオ放送でナチスを批判し、第二次大戦中も亡命をせず祖国にて地下抵抗運動に参加。ドイツ国防軍の将校を中心とした反ヒトラーのグループに加わり、一九四四年七月のヒトラー暗殺計画の思想的支柱になり、ドイツ敗戦の直前の一九四五年四月九日に強制収容所にて三十九歳で絞首刑となった。ガンジーの非暴力主義を理想としながら、イエス・キリストへの信仰は正義のための行動をうながし、ナチス全体主義の限界状況にあっては、悪であり神の審きを受ける「抵抗」としての殺人の罪を引き受けるとの決断をした。「今日、われわれがキリスト者であるということは、祈ることと人々の中で正義を行なうことである」との確信からである。邦訳に『ボンヘッファー選集』（全九巻）など。

あとがき

この対談のきっかけは十四年ほど前にさかのぼる。

冒頭で述べたように、二〇〇五年六月に雑誌「表現者」九月号（第二号）に佐藤優氏を招き鼎談を行った。同年三月に『国家の罠　外務省のラスプーチンと呼ばれて』が刊行されたばかりでまさに話題沸騰のときである。実はこの前に、筆者は佐藤氏と出会う機会を持った。鼎談にも参加いただいた哲学者の大窪一志氏の紹介である。ロシアの思想家ピョートル・クロポトキンやドイツの社会哲学者で革命家のグスタフ・ランダウアーのすぐれた翻訳を刊行されている大窪氏は、編集者を経て翻訳・著述をされている、まさに知る人ぞ知る人物である。三者で顔を合わせたのは、同年の四月七日のことである。なぜ日附をはっきり覚えているかというと、当日、佐藤氏が翻訳したJ・L・フロマートカの自伝『なぜ私は生きているか』をいただき献辞に記されているからだ。

三人は会ってみれば、予想通りひたすらカール・バルトやフロマートカなどのキリスト教神学者の話となった。「表現者」の座談のテーマは「検証・失われた10年」の企画のもと日本の外交問題であったが、外務省のラスプーチンはいきなりバルトの『ローマ書』について熱く喋りはじめ、鼎談はロシア革命からボルシェヴィズム、ナチズム、日本の国体論と展開していった。今思えば、思想家・佐藤優のその後の今日に至る旺盛な言論活動の、それはほとんど最初の噴火であったが、三者の問で共有していたのは、現在の「日本外交」の問題を正確にとらえ真実を語るためには、歴史の長いスパン、少なくとも国際政治における近代の始まりであるウェストファリア条約（一六四八年）、そしてその源流たる宗教改革を射程に入れなければならないとの認識であったろう。現在、目の前で起っている出来事を正しく「見る」ためには、時間をさかのぼり歴史の結節点を掘り起こす必要がある。しかし、それはたんに歴史を知識的に解決することではない。見るためには知識や情報よりも必要なものがある。

聖書には「見る」ことに関する箴言がある。

〈あなたの目は体の灯《ともしび》である。目が澄んでいれば、あなたの全身も明るいが、目が悪ければ、体も暗い。だから、自分の中にある光が暗くならないように気をつけなさい。あなたの全身が明るく、少しも暗い部分がなければ、ちょうど灯が輝いてあなたを照らすときのように、全体が輝くだろう〉（「ルカによる福音書」十一章三十四節〜三十六節。聖書協会共同訳）

技術文明は高度な情報社会をもたらし、インターネットは一瞬で地球の裏側にまで空間を拡張する。そこで見失なわれるのは時間の本質である。圧倒的な空間の広がりのなかで時間にたいするわれわれの感覚は鈍くなる。時間を「見る」ための目が曇らされてしまう。

二十世紀のユダヤ教哲学者、A・J・ヘッシェルはこう語る。

〈ハイスピードで走る鉄道列車の窓から外を見ると、われわれが静止して、風景が動いているような印象を受ける。これと同様に、われわれの魂が空間的諸物によって魅了されているとき現実を凝視すると、時間は絶えず動いているように見える。しかし、絶えず失くなりつつあるものは空間的諸物であると悟るようになると、時間はけっして消え失せることのないものであり、時間の無限の広がりをつらぬいて運行しつつあるのは空間世界であるということを悟る。かくして、時間性とは空間の時間へのかかわりとして定義することができよう〉

（『シャバット　安息日の現代的意味』森泉弘次訳、教文館、二〇〇二年）

二十一世紀に入ってすぐの、あの二〇〇一年九月十一日の米国の同時多発テロ事件。ニューヨークの世界貿易センタービル（WTC）の巨大な塔が崩落していく衝撃的な映像は、まさしく空間世界の出来事であるかのように見えるが、旧約聖書のバベルの塔のヒストリーを想起すれば、そこに「けっして消え失せることのない」時間性を発見することになるだろう。眼前で生起している出来事（それがどんな小さな事件でも）を正しく「見る」ためには、この「時間」を直観し把握しなければならないのであり、神学の思考とはこの目を澄ますためのディシプリン（訓練）に他ならない。

もうひとつ、くだんの鼎談で佐藤氏が語ったことが、本書の対話の重要な鍵としてある。それは外交という場における言葉の問題である。

〈多くの日本人は外交のなかで言葉を使ってどれだけの芸術が行われるのか、言葉を使ってどれだけの謀略が行われるのかということがわかっていない〉（「表現者」二〇〇五年九月号）

外交官は「言葉の芸術家」であり、またそうあるべきである。この「言葉」への問いも今日の「危機」の正体をあきらかにする。つまり、SNSなどの情報空間において、今日失われつつあるのは、言葉というものが本来有している時間性だからである。ネット空間によってトランスミッション（伝達）は飛躍的な広がりを達成したが、それは同時に、言葉の孕む「表現」の側面や、言葉がその内部に持っている「蓄積」、すなわち伝統や慣習という形で蓄積されているはずのものが著しく蔑ろにされている。「言葉の芸術家」たりうるには、何よりも言葉の孕む時間性を、あらためて再発見していくしかない。

いうまでもなくこれは文学ジャンルの本質的な課題である。文芸評論家として書き続けてきた筆者にとっても、最も大切な事柄であり、佐藤氏からこの対談の話をもちかけていただいた折に、その発表舞台としてただちに文芸雑誌が良いと返事した理由も全てここにあった。筆者自身が『使徒的人間　カール・バルト』を連載したのが「群像」誌であったのも、バルトという二十世紀最大の神学者を論じるときに、文芸批評というスタイルをもって文芸雑誌で書いてみたいという思いがあったからである。

文芸雑誌にとってはは文字通りこれは異色の対談であったが、筆者も、おそらくは佐藤氏も「群像」を舞台にして存分に語り合えたことによろこびと満足を感じていることと思う。「群像」での連続対談のタイトルは「「危機の時代」を読み解く」であり、その「読み解く」ための方法論は神学的思考と文学の交差する言葉のトポスであった。

このような場所《トポス》に立つ機会を作っていただいた佐藤優氏にあらためて深く感謝を申し上げたい。そして、異色（すぎる）対談の企画を快く受けていただいた「群像」編集部と、毎回、難解な神学用語などを的確に整理しまとめる労をおまかせした編集部の北村文乃さんに深謝します。また出版にあたっては文芸第一出版部の見田葉子さんに全面的にお世話になった。有難うございました。本書が一人でも多くの日本人に、特に若い世代の読者に届くことを祈りたい。

二〇一九年（令和元年）八月二十八日

富岡　幸一郎

引用・参考文献一覧

Ⅰ　見えない危機の到来

・浅田彰『構造と力　記号論を超えて』勁草書房、一九八三年
・浅田彰『逃走論　スキゾ・キッズの冒険』ちくま文庫、一九八六年
・江藤淳『成熟と喪失　〝母〟の崩壊』講談社文芸文庫、一九九三年
・江藤淳『批評と私』新潮社、一九八七年
・イスマイル・カダレ『夢宮殿』村上光彦訳、創元ライブラリ、二〇一二年
・柄谷行人『遊動論　柳田国男と山人』文春新書、二〇一四年
・佐藤優『神学の技法　キリスト教は役に立つ』平凡社、二〇一八年
・佐藤優『高畠素之の亡霊　ある国家社会主義者の危険な思想』新潮選書、二〇一八年
・佐藤優、土井たか子「対談　社会の側から平等・公平を実現する」「週刊金曜日」二〇〇八年十月三十一日号
・ウラジーミル・ソローキン『氷　氷三部作2』松下隆志訳、河出書房新社、二〇一五年
・富岡幸一郎『使徒的人間　カール・バルト』講談社文芸文庫、二〇一二年
・トルストイ『アンナ・カレーニナ　1』望月哲男訳、光文社古典新訳文庫、二〇〇八年
・ユルゲン・ハーバーマス『後期資本主義における正統化の問題』山田正行、金慧訳、岩波文庫、二〇一八年
・カール・バルト『ローマ書』『カール・バルト著作集14』吉村善夫訳、新教出版社、一九六七年
・村上春樹『ねじまき鳥クロニクル』第一部〜第三部　新潮文庫、一九九七年
・村上春樹『1Q84』BOOK 1 〜 BOOK 3　新潮文庫、二〇一二年

・村上春樹『アンダーグラウンド』講談社文庫、一九九九年
・村上春樹『騎士団長殺し』第1部：顕れるイデア編、第2部：遷ろうメタファー編　新潮文庫、二〇一九年
・柚月麻子『伊藤くん A to E』幻冬舎文庫、二〇一六年
・ジャン＝フランソワ・リオタール『ポスト・モダンの条件　知・社会・言語ゲーム』小林康夫訳、水声社、一九八六年
・カール・レーヴィト『世界史と救済史　歴史哲学の神学的前提』創文社、一九六四年

Ⅱ　資本主義の暴走

・マックス・ヴェーバー『プロテスタンティズムの倫理と資本主義の精神』大塚久雄訳、岩波文庫、一九八九年
・大江健三郎『あいまいな日本の私』岩波新書、一九九五年
・大江健三郎、柄谷行人『大江健三郎　柄谷行人　全対話　世界と日本と日本人』講談社、二〇一八年
・柄谷行人『世界史の構造』岩波現代文庫、二〇一五年
・柄谷行人、佐藤優「柄谷国家論を検討する　帝国と世界共和国の可能性」「現代思想」二〇一五年一月臨時増刊号
・窪美澄『アカガミ』河出文庫、二〇一八年
・坂口博編『滝沢克己著作年譜』創言社、一九八九年
・佐藤優『ファシズムの正体』インターナショナル新書、二〇一八年
・佐藤優『国家論　日本社会をどう強化するか』NHKブックス、二〇〇七年
・佐藤優『高畠素之の亡霊　ある国家社会主義者の危険な思想』（前出）
・滝沢克己『バルトとマルクス　新しき世界』三一書房、一九八一年

・田辺元『歴史的現実』こぶし文庫、二〇〇一年
・富岡幸一郎『使徒的人間　カール・バルト』（前出）
・西部邁『ファシスタたらんとした者』中央公論新社、二〇一七年
・西部邁『死生論』日本文芸社、一九九四年
・フリードリッヒ・ニーチェ『権力への意志』原佑訳、ちくま学芸文庫、一九九三年
・フリードリッヒ・ニーチェ『ツァラトゥストラはこう言った』上、下　氷上英廣訳、岩波文庫、一九六七年
・カール・バルト『教会教義学』（『神の言葉』Ⅰ～Ⅱ、『神論』Ⅰ～Ⅱ、『創造論』Ⅰ～Ⅳ、『和解論』Ⅰ～Ⅳ）井上良雄、吉永正義ら訳、新教出版社、一九五九年～　最新オンデマンド版二〇〇五年～
・カール・バルト『キリスト教的生』Ⅰ、Ⅱ　天野有訳、新教出版社、一九九八年
・ヨゼフ・ルクル・フロマートカ『J・L・フロマートカ自伝　なぜ私は生きているか』佐藤優訳・解説、新教出版社（OD版）、二〇〇八年
・カール・マルクス『資本論（一）』エンゲルス編、向坂逸郎訳、岩波文庫、一九六九年
・村田沙耶香『地球星人』新潮社、二〇一八年
・ユルゲン・モルトマン『モルトマン組織神学論叢2　創造における神』沖野政弘訳、新教出版社、一九九一年
・吉村萬壱『ボラード病』文春文庫、二〇一七年

Ⅲ　国家の本質

・魚木忠一『日本基督教の精神的伝統』大空社、一九九六年
・大江健三郎『万延元年のフットボール』講談社文芸文庫、一九八八年
・大城立裕『カクテル・パーティー』岩波現代文庫、二〇一一年

・大城立裕『レールの向こう』新潮社、二〇一五年
・オットー・ケルロイター『ナチス・ドイツ憲法論』矢部貞治、田川博三訳、岩波書店、一九三九年
・佐藤優『日本国家の神髄　禁書『国体の本義』を読み解く』扶桑社新書、二〇一五年
・佐藤優『宗教改革の物語　近代、民族、国家の起源』角川ソフィア文庫、二〇一九年
・白井聡『国体論　菊と星条旗』集英社新書、二〇一八年
・カール・バルト『教会教義学』（前出）
・福沢諭吉『文明論之概略』岩波文庫、一九九五年
・古川日出男『ミライミライ』新潮社、二〇一八年
・古川日出男、後藤正文「古川日出男『ミライミライ』刊行記念対談　文学にしかできないこと」「波」二〇一八年三月号
・フリードリッヒ・マイネッケ『近代史における国家理性の理念』（Ⅰ、Ⅱ）岸田達也訳、中公クラシックス、二〇一六年
・フリードリッヒ・マイネッケ『ドイツの悲劇』矢田俊隆訳、中公文庫、一九七四年
・文部省編『国体の本義』一九三七年

Ⅳ　格差社会を超えて

・リヒャルト・フォン・ヴァイツゼッカー『新版　荒れ野の40年　ヴァイツゼッカー大統領ドイツ終戦40周年記念演説』永井清彦訳、岩波ブックレット、二〇〇九年
・リチャード・G・ウィルキンソン『格差社会の衝撃　不健康な格差社会を健康にする法』池本幸生、片岡洋子、末原睦美訳、書籍工房早山、二〇〇九年

・大城立裕『あなた』新潮社、二〇一八年
・ホセ・オルテガ・イ・ガセット『ドン・キホーテに関する思索』A・マタイス、佐々木孝共訳、現代思潮社、一九六八年
・キェルケゴール『死に至る病』鈴木祐丞訳、講談社学術文庫、二〇一七年
・アーネスト・ゲルナー『民族とナショナリズム』加藤節監訳、岩波書店、二〇〇〇年
・佐藤優『いま生きる階級論』新潮文庫、二〇一八年
・佐藤優、池上和子『格差社会を生き抜く読書（シリーズ　ケアを考える）』ちくま新書、二〇一八年
・崔実『ジニのパズル』講談社文庫、二〇一九年
・橋本健二『新・日本の階級社会』講談社現代新書、二〇一八年
・カール・バルト『教会教義学』（前出）
・ヨゼフ・ピーパー『余暇と祝祭』稲垣良典訳、講談社学術文庫、一九八八年
・深沢潮『海を抱いて月に眠る』文藝春秋、二〇一八年
・古井由吉『杳子・妻隠』新潮文庫、一九七九年
・エイブラハム・ジョシュア・ヘッシェル『イスラエル預言者』並木浩一監修、森泉弘次訳、教文館、（上）（下）一九九二年

本書は「群像」二〇一八年一〇月号、一二月号、
二〇一九年二月号、五月号に、
連続対談「「危機の時代」を読み解く」として掲載されました。

「註」作成——富岡幸一郎

佐藤 優《さとう・まさる》

一九六〇年東京都生まれ。作家、元外務省主任分析官。一九八五年、同志社大学大学院神学研究科修了後、外務省入省。在ロシア日本国大使館勤務などを経て、本省国際情報局分析第一課に配属。主任分析官として対ロシア外交の分野で活躍した。二〇〇五年に著した『国家の罠　外務省のラスプーチンと呼ばれて』で鮮烈なデビューを飾り、翌二〇〇六年の『自壊する帝国』で大宅壮一ノンフィクション賞、新潮ドキュメント賞を受賞。『獄中記』、『私のマルクス』、『先生と私』、『人生のサバイバル力』ほか著書多数。

富岡幸一郎《とみおか・こういちろう》

一九五七年東京都生まれ。文芸評論家、関東学院大学国際文化学部比較文化学科教授、鎌倉文学館館長。中央大学文学部仏文科卒業。一九七九年、「意識の暗室　埴谷雄高と三島由紀夫」で第二二回群像新人文学賞評論優秀作受賞。西部邁の個人誌「発言者」と後継誌「表現者」に参加し、「表現者」編集長を務める。『戦後文学のアルケオロジー』、『内村鑑三　偉大なる罪人の生涯』、『使徒的人間　カール・バルト』、『川端康成　魔界の文学』、『生命と直観　よみがえる今西錦司』ほか著書多数。

〈危《き》機《き》〉の正体《しょうたい》

二〇一九年一〇月二八日　第一刷発行

著者　佐藤《さとう》　優《まさる》
富岡幸一郎《とみおかこういちろう》

発行者　渡瀬昌彦
発行所　株式会社講談社
東京都文京区音羽二―一二―二一　郵便番号　一一二―八〇〇一
電話　出版　〇三―五三九五―三五〇四
販売　〇三―五三九五―五八一七
業務　〇三―五三九五―三六一五

印刷所　豊国印刷株式会社
製本所　株式会社国宝社
本文データ制作　講談社デジタル製作

ISBN978-4-06-517434-0